カウアイ島
ハナレイ
プリンスビル
キラウエア
ケアリア
カパア
リフエ
コロア
ケカハ
ワイメア
マカウエリ
プウワイ
ニイハウ島
ハレイワ
ワイアルア
ワヒアワ
ワイアナエ
ワイパフ
エワ
アイエア

ハワイ諸島全図

ハワイの日系女性

《最初の一〇〇年》

JAPANESE WOMEN IN HAWAII
THE FIRST 100 YEARS

著＝パッツィ・スミエ・サイキ
訳＝伊藤美名子

秀英書房

Dedicated to my parents,
Shukichi and Chise Kawatachi,
Immigrants from Hiroshima, Japan,
Who loved Japan but loved Hawaii more . . .

Japanese Women in Hawaii: The First 100 Years

Japanese translation rights
arranged directly with
the author.

Printed in Japan

はじめに

日系女性は、ハワイが多民族社会、複数文化社会として発展を遂げるのに貢献し、ハワイ社会の原動力になって、様々な歴史的事件にかかわった。ハワイの日系女性の過去百年の苦闘は、ハワイの歴史の中で欠くことのできない部分である。

炎熱の太陽の下で、あるいは、うっとうしい霧雨の中で、一日十時間も働かなければならなかった何千人もの砂糖きび耕地労働者の女性から、薄暗い石油ランプの下で一晩五時間も客をとらなければならなかった数百人あまりの娼婦まで、ハワイ移民当初の日系女性の歩んだ道は栄光と屈辱の歴史でもある。

小さな帆船で六十日余りも流された後、ハワイに漂着したといわれる芸者小染の時代から、女性は一見勝ち目のないように見える戦いに挑む忍耐と勇気と強靭さを示してきた。

一八七一年から一八八五年の第一回官約移民まで、ハワイにはたった一人の日本女性しかいなかった。オザワ・トミである。トミも小染同様に、意志の強い女性だった。一八六八年（慶応四年）に、移民労働者とともにハワイに来た他の四人の女性と違い、夫の三年間の労働契約が切れた後も日本に戻らない選択をしたのである。

土間のままで、寝るための一段高くなった床がついただけの耕地の住居でも、「ホーム」と呼ばれるホノルルの狭い一間の家でも、家族は寝食を共にし、多くの女性たちは過去は忘れて、未来の可能性にかけた。誰もが堅苦しい封建的な徳川時代の日本を思い出し、契約が切れた後もハワイに残るように夫にすすめた。ハワイに残る家族が多かったのは、資金がなかったり、富を得ようと夢見ていたからだけではなく、未来に賭けたからである。

いつの時代にも、女性たちは耕地の生活改善や地域社会に変革をもたらすために手を貸した。例えば、耕地の住居から追い立てられるのを覚悟の上で、賃金平等を要求してストライキに参加し、子供たちのための日本語学校の設立と存続の権利のためにも戦った。また、女性たちは、いつも老人や貧しい人や家のない人を救済してきたが、ホノルルを襲った一九〇〇年のペスト大流行と、市街地で多数の家屋を焼いた大火の後では、特にその必要性が強調された。

女性たちは日本人共済会を一八八七年十月十日に、婦人慈善会を一八八九年に、日本人婦人会を一九一六年に設立し、社会奉仕、文化保存、社会活動の推進につとめた。ハリス・メソジスト教会、マキキ教会、ヌアヌ組合教会、それに本派本願寺は、それぞれの信徒の間に支援と保護のための団体を養成することにつとめ、スザンナ・ウェスレー・ホーム、日本人幼年寄宿舎、オクムラ男子寮および女子寮、日本語学校が生まれた。

女性はハワイの誇りである。砂糖きび耕地で働いた女性、精神的にも経済的にも困難な時代に家庭を守った母や妻、海と空と大地を吸収し、自然と人間の美しさと魂を作品を通して表した芸術家、アメリカ合衆国連邦議会議員、ハワイ州副知事、ハワイ州裁判所判事、ハワイ州議会の議員になった女性たちは、日系女性がどこまで前進できるかを身をもって示した。

どの女性もその生きた時代と場所にふさわしい働きをした。一日十時間、週六日働いて得る月十五ドルの夫の稼ぎで、大勢の子供たちに食べさせ、着せ、教育していくために、野菜を作り、にわとりやぶたを飼った母親もいた。また、妻であり、母であり、また娘として、家事はもちろんのこと、年老いた両親の世話をし、学校で教鞭をとり、ガールスカウトを指揮し、日曜学校で教え、さらに社会でボランティアとして働くという、忙しいスケジュールをこなしてきた新しい時代の母もいる。わたしたちが母たちに負うところは大きい。

だから、ここでは限られた名前しかあげられなかったが、この本は、ハワイの日系女性すべてに関するものである。この本の中であげた女性たちは、今日あるハワイに貢献した数限りない有名無名の女性たちを代表していることになる。彼女たちは生き、働き、夢を描き、喜び、悲しみ、あるときは家族や友人に、あるときは社会や国家にその足跡を残した。

日本からハワイへの百年の旅路が終わった今、これを踏み台として次に来る百年へと飛躍するのである。

一九八五年三月十二日

パッツィ・スミエ・サイキ

はじめに

ハワイの日系女性——最初の一〇〇年 ■ 目次

目　次

はじめに　i
謝辞　xv

第一章　漂流者　3
1　芸者小染　3
2　初期の漂流者たち　5
3　ジョセフ・ヒコとジョン万次郎　9
4　仙太郎とトメ　12

第二章　元年者　17
1　最初の移民労働者　17
2　サイオト号での船旅　20
3　砂糖きび耕地の労働条件　24
4　フクムラ・トヨキチ　26
5　オザワ・トミ　27

目　次

第三章　官約移民……31
1　シティ・オブ・トウキョウ号の移民　31
2　親日家カラカウア王　36
3　アサヒナ・ウメキチ　39
4　ワキタ・キヨ　42
5　スエナガ・サカ　46
6　スエナガ・ウメ　50
7　フクダ・シマ　53
8　フクダ・ユキ　57
第四章　日本人社会とキリスト教会……65
1　砂糖きび耕地　65
2　スザンナ・ウェスレー・ホーム　72
3　モリモト・ラク　75
4　スズキ・シゲ　77
5　日本人幼年寄宿舎　81

6　オクムラ・タキエ　84
7　オクムラ・カツ　89
第五章　初期の日本人移民女性たち……95
1　コマツ・カメ　96
2　オオミヤ・ミネ　98
3　移民の女性たち　108
4　伝　染　病　116
5　日本人慈善会とクワキニ病院　120
6　マツモト・キサブロウ　123
第六章　ハワイの仏教……127
1　日系移民と仏教　127
2　日本語学校　135
3　フジタニ・アイコ　138

第七章　闘士の妻……147
1　フレッド・マキノ　147
2　労働争議とマキノ　149
3　『ハワイ報知』の発行　156
4　日本語学校存続闘争　159
第八章　女性の教育者たち……167
1　マッキンレー・ハイスクール　167
2　マーガレット・オダ　170
3　ソウガ・セイ　173
4　アリス・サエ・ノダ　176
5　スナオ・タムラ　180
6　ミツエ・タナカ　182
第九章　政界への進出……185
1　ジーン・キング　185

目次

2 パトリシア・サイキ 197
3 パッツィ・ミンク 204

第十章 芸術家 …… 213

1 二人の女性 213
2 アリス・カガワ・パロット 214
3 トシコ・タカエズ 219

ハワイ日系移民関連年表 227
参考文献 242
訳者あとがき 247

装幀 前島敏彦

写真 砂糖きび耕地で働く女たち(ハワイ日本人移民史刊行委員会『ハワイ日本人移民史』早稲田大学図書館所蔵)

写真目次

括弧内は提供者または所蔵機関。説明文に＊印を付した写真は許可を得て括弧内に示した早稲田大学図書館蔵書より転載させていただきました。

第一章　漂流者
一一頁　万次郎が恩人サミュエル・デーモン牧師に贈った名刀関兼房（Soga Collection）／一二頁　石井仙太郎の家族（Soga Collection）／一三頁　＊ホノルルに寄港した遣米使節団（ハワイ日本人移民史刊行委員会『ハワイ日本人移民史』）

第二章　元年者
二三頁　初期移民の見たホノルル港／二四頁　「元年者」が着いた頃のホノルル郵便局／二九頁　オザワ・トミ（Soga Collection）

第三章　官約移民
三二頁　第一回官約移民船シティ・オブ・トウキョウ号（Hawaii State Archives）／三三頁　ホノルルの埠頭で他島の耕地へ行く船を待つ移民たち（Hawaii State Archives）／三六頁　＊世界周遊中に日本を訪れたカラカウア王（Bishop Museum、ハワイ日本人移民史刊行委員会『ハワイ日本人移民史』）／三七頁　カイウラニ王女（Hawaii State Archives）／四〇頁　アサヒナ・ウメキチと妻（Noboru Asahina）／四二頁　カラカウア王のイオラニ宮殿（Hawaii State Archives）／四四頁　キヨとニシガヤ・マサキチ、娘のミキ／四七頁　官約移民の親に連れられてきた六人の子供たち（Hawaii State Archives）／四八頁　積荷を待つ移民たち／四九頁　＊カウアイ島ハナレイ平原に広がる水田（仙田写真館撮影、日布時事社『布哇紹介写真帖』）／五一頁上　天長節（Edward Yamada）／同頁下　耕地に運ばれる移民たち（Edward Yamada）／五四頁　＊マウイ島のハレアカラ休火山（Tai Sing Loo 撮影、日布時事社『布哇紹介写真帖』）／五五頁　クラ日本語学校の児童（Raku Morimoto）／六一頁　カワイアハオ・セミナリーの卒業生

第四章　日本人社会とキリスト教会

六九頁　日本領事館／七一頁　サカの家族（Raku Morimoto）／七三頁　スザンナ・ウェスレー・ホーム（Susannah Wesley Home）／七四頁　ナカムラ牧師と女性教会員（Harris United Methodist Church）／七六頁　ラク・サカとモリモト牧師の結婚記念写真（Harris United Methodist Church）／七八頁　スズキ・シゲと夫の造船技師マサキチ（Jiro Suzuki）／七九頁　ヨシとトキマサ・エイサク牧師（Harris United Methodist Church）／八三頁　＊日本人幼年寄宿舎（ハワイ日本人移民史刊行委員会『ハワイ日本人移民史』）／八七頁　＊裁縫で生活する日本人女性（ハワイ日本人移民史刊行委員会『ハワイ日本人移民史』）／八八頁　＊マキキ聖城教会（ハワイ日本人移民史刊行委員会『ハワイ日本人移民史』）／八九頁　ホノルルのアラパイ街にあったオクムラ男子寮（Hawaii State Archives）／九一頁　オクムラ女子寮の寮母イケダ・スミ（Makiki Christian Church）

第五章　初期の日本人移民女性たち

九七頁　コマツ・カメ百歳の祝い／九九頁　砂糖きびを貨車に積み込む耕地労働者／一〇一頁　マウイ島ラハイナの製糖工場／一〇二頁　写真花嫁（Kakuji Inokuchi）／一〇三頁上　ホノルルの移民局（Hawaii State Archives）／同頁下　＊呼び寄せ移民時代の荷物調べ（ハワイ日本人移民史刊行委員会『ハワイ日本人移民史』）／一〇六頁　＊砂糖きび耕地で働く女たち（ハワイ日本人移民史刊行委員会『ハワイ日本人移民史』）／一〇九頁　水を運ぶ耕

地労働者の妻（Miya Soga）／一一一頁上　野菜を売り歩く女（Hawaii State Archives）／同頁下　魚を行商する女たち（Hawaii State Archives）／一一二頁　初期の砂糖きび耕地の住まい（C. Furneaux 撮影、Lyman House Memorial Museum）／一一六頁　＊カラウパパのモロカイ癩病隔離地（飯島博『布哇に於ける衛生状態』）／一一八頁上　ペストで汚染された帽子や履物の消毒作業（F. Davey 撮影、Hawaii State Archives）／同頁下　汚染地区の公衆浴場（Hawaii State Archives）／一一九頁上　＊ペスト焼き払い事件（ハワイ日本人移民史刊行委員会『ハワイ日本人移民史』）／同頁下　大火で焼き出された人々（F. Davey 撮影、Hawaii State Archives）／一二一頁　日本人慈善会付属クワキニ病院／一二二頁　ホノルル日本人婦人会の会員

第六章　ハワイの仏教

一二八頁　＊出雲大社ハワイ分院（日布時事社『布哇紹介写真帖』）／一二九頁　端午の節句に鯉幟をたてる日系人の家／一三三頁　＊本派本願寺ハワイ別院（本派本願寺『布哇開教史』）／一三六頁　＊オクムラ牧師の設立した日本人小学校（森田栄『布哇日本人発展史』）／一三七頁　本願寺日本人小学校（Honpa Hongwanji）／一三八頁　＊本願寺ホノルル日曜学校中等科女子部（本派本願寺『布哇開教史』）／一四〇頁　＊マウイ島パウエラのパイナップル缶詰工場（ハワイ日本人移民史刊行委員会『ハワイ日本人移民史』）／一四三頁　フジタニ・アイコの家族（Teruko Fujitani Yoshida）

第七章　闘士の妻

一四八頁　日本にいた頃のフレッド・キンザブロウ・マキノ（Makino Collection）／一四九頁　ミチエ／一五三頁　＊ヌアヌ・パリの山峡（日布時事社『布哇紹介写真帖』）／一五五頁　オアフ島砂糖きび耕地のストライキを指揮して投獄された四人（日布時事社）／一五七頁　日本人街を通過するストライキのデモ行進（Honpa Hongwanji）／一六三頁　日本語学校

の存続をかけた試訴の経過を説明するマキノ／一六四頁　日本へ旅立つミチエ・マキノ
第八章　女性の教育者たち
一六九頁　ヒロコ・ミヤハラ／一七一頁　マーガレット・オダ／一七五頁　女性禁酒同盟の婦人たち／一七六頁　プナホウ・スクールの初期の卒業生と父兄／一七九頁　アリス・ノダと夫スティア・ギカク（Lillian Yajima）／一八一頁　日系婦人の集まり（Miya Soga）／一八三頁　日系人による演劇上演
第九章　政界への進出
一八六頁　ジーン・キング（Ken Saiki）／一八七頁　ジーンの両親、チヨとウィリアム・マッキロップ（Jean King）／一九八頁　パトリシア・サイキ（Patricia Saiki）／二〇七頁　パッツィ・ミンク
第十章　芸術家
二一五頁　愛犬を連れて散歩をするアリス・カガワ／二一七頁　機を織るアリス・カガワ（Tom Haar 撮影）／二一八頁　＊一世が抑留されたサンタフェの抑留所（ハワイ日本人移民史刊行委員会『ハワイ日本人移民史』）／二二五頁　ろくろをまわすトシコ・タカエズ（Tom Haar 撮影）

謝　辞

本書の執筆に際し、左記の方々よりご協力と励ましをいただきました。ここに記してお礼申し上げます。

Mary Ann Akao
Clara Ando
Noboru Asahina
Robert K. Fukuda
Eleanor Nishigaya Furuike
Lela Goodell
Kenji Goto
Marie Hara
Kenneth Hiraki
Magotaro Hiruya
Mitsue Hisamatsu
Tokutaro and Hamako Hirota
Yuki Hoshino
Kakuji Inokuchi
Wally Kagawa
Larry and Helen Kawamura
Charles R. Kenn
Jean Sadako King
Kathleen Kiyuna
Kame Komatsu
Rev. Harry Komuro
Mae Kuboyama
Masaji Marumoto
Patsy Takemoto Mink
Raku Morimoto
Kikue Nakagawa
Helen Nakano
Doris Nishigaya
Mildred Nishigaya
Margaret Oda
Masuo Ogoshi
Seiko Okahashi
Asae Okamura
Hazel Okazaki
Kiyoshi Okubo
Mine Sekine Omiya

Yukio and Elsie Omiya
Harold Onishi
Katsumi Onishi
Alice Kagawa Parrott
Patricia Fukuda Saiki
Kiyoto Saiki
Miya Harada Soga
Jiro Suzuki
George H. Takabayashi
Mildred Takabayashi
Miriam Takaezu
Toshiko Takaezu
Sunao Tamura
Ethel Tanabe
Florence Tsubakihara
Lillian Yajima
Edward and Pat Yamada
Tsuneichi Yamamoto
Yuichiro Yasutake
Teruko Fujitani Yoshida

Japanese Women's Society
Oahu Kanyaku Imin Centennial Committee

ハワイの日系女性——最初の一〇〇年

第一章　漂　流　者

1　芸者小染

歴史上ハワイに到達した最初の日本女性は芸者だったのだろうか。なめらかな陶器のような肌と、春に白樺の林や竹の林の間を抜ける微かな風のように動く手をしたあの芸者である。

その可能性は非常に高い。小染という芸者が、浦賀から京都へ沿岸をつたって行く小船に乗船したという記録があるからである。大名同士が争い、将軍がかつてないほど強大な権力をふるった徳川時代では、旅は陸路より海路のほうが早くて安全だった。船は艫《とも》が開き大きな四角い舵がついて、わざと上が重たく不格好にできていて、荒海では簡単に沈没するおそれがあった。小染の乗った帆船は台風で外海へ吹き流され、船の中で二ヵ月間雨と波と戦ったすえ、まるで流木のようにハワイの海岸に流れ着いたといわれている。

花街育ちの華奢な小染が、雨水と魚が捕れたとき以外は、水も食料もなしに苦難の六十日間を生き抜いたということは、この女性に生きる決意と忍耐と気力、そして溺死や餓死にさらされても、それをしのぐ能力があった証拠である。この強靱さと意志の強さは、後にハワイへ移民した日本女性たちの先駆けとしてはまさにふさわしいものだった。

小染の漂着はアメリカ側の記録には十分な証拠がないが、その可能性は非常に高い。現に、他にも日本人の「漂流者」が多数ハワイ諸島の岸辺に打ち上げられている。漁師や沿岸の貨物船の船乗りも含めて、他国へ漂流してから、異国の船で帰国した者は誰もが漂流者とみなされ、外国で得た知識が将軍にとって脅威になるという理由から、日本では入牢刑か死刑に処せられるのが常だった。

幕府の掟がどうあれ、大風や台風で沖へ吹き流される漁師たちの帆船は跡をたたなかったから、漂流者が次々に生まれたにちがいない。一八七四年の国勢調査によると、日本の人口は三千三百三十万六百七十五人であり、八トンから三百八十三トンまでの船が二万二千六百七十隻で、いずれも漁船か、沿岸都市貿易にたずさわる帆船だった。造船にあたっては、遠洋航海に不向きな船を造るように言い渡されていたため、徳川時代の三世紀の間にたしかに多数の帆船が失われていたにちがいない。その中で、外海に吹き流された帆船のうちのほんの数隻が陸に漂着したり、捕鯨船に発見されたりしたのである。

外海に吹き流された船が現在の大阪—東京ルートに流されたとすれば、時速三・二キロから八キロの黒潮にうまく乗って、カナダ、アラスカ、アメリカ西海岸、あるいはメキシコへまでも流されたかも知れないが、もし北の赤道海流に巻き込まれたとしたら、ハワイに到達したろう。船乗りたちの生死は、潮の速度と方向、暴風の強さ、船が沈没するか飢えと渇きで死なないうちに捕鯨船に救助されるかどうかにかかっていた。

2　初期の漂流者たち

早くも一八〇六年（文化三）、ハワイの島々を統一したカメハメハ大王の治世に、ペルセベランス号の船長アマサ・デラノがサンドイッチ諸島（ハワイ諸島の旧名）の「ワホオ」（オアフ島）で八人の日本人を発見している。この日本人たちはロードアイランド州プロビデンスのコーネリアス・ソール船長によって救助され、彼の船のタブール号に引き揚げられたが、太平洋の中で立ち往生していた帆船から引き揚げられた所持品やその他の品々といっしょに「ワホオ」に置き去りにされた。ソール船長が彼らの食料代として多数の斧や道具を置いていった。そのため、日本人たちは最初のうちはオアフ島で客人扱いだった。しかし、その品物に値する食料を食べ尽くしてしまい、カメハメハ大王が日本人に自立をすすめようとしていた矢先、アマサ・デラノ船長がふたたび島に立ち寄ったので、彼らを故郷へ帰すことにした。故郷のことを、デラノ船長は日記に「ニホン」という島の「オオサカ」と記している。

彼らは一八〇六年十一月に最初の寄港地である中国の広東《カントン》に着くと、通訳を通して、「自分たちは、今年の二月に、航路をはずれて流された。帆柱と舵をなくしてしまって、どうにもならなくなり、救助されるまでに二十二人のうち十四人までが甲板から海に流されたり、飢餓と風雨にされされて、命を落した」と報告した。

一八〇六年に、また別の難破船の船乗りがハワイに到着した。稲若丸という小型の貨物船が飼葉とござを積んで、一八〇五年十一月二十七日に山口の岩国から江戸へ向かったが、帰路は暴風のために乗組員は帆を下ろさなくてはならなかった。船の装備が流されてしまい、七十日以上漂流しながら、乗組員たちは雨水を集めて飲んでいたが、二十日間も食料なしで生きのびた。もう死ぬとあきらめかけたとき、「まるで神の賜物のように」一匹のめかじきが甲板に飛び上がった。生き返った八人の乗組員たちは針で釣針を作り、救助されるまでにさらに二匹の魚を釣った。一八〇六年三月二十日に彼らを発見したのはオランダ船ワヘモク号だった。日本人の船乗りが、赤毛で青や灰色の目をした人間を見たのはこれが最初であった。

一八〇六年八月、一隻の「メリケン」船がこの八人の漂流者を救助してマカオへ連れていったが、船が長崎港に入るまで六人が命を落とし、善松と松次郎の二人だけが日本へ戻ることになった。松次郎は三日にわたる厳しい尋問と、おそらく拷問の結果、気がふれて自殺したと言われている。善松は生きながらえ、残りの人生を教念寺で過ごしたが、『夷蛮漂流帰国録』に彼の話がまとめられている。

それから三十年後、宣教師のJ・S・エマソンが、『ハワイアン・スペクテーター』誌に、漂流した別の日本人の船乗りについて、次のように書いている。

一八三二年（天保三）十二月の最後の日曜日、その帆船はワイアルアの港の近くで錨を下ろした。それは昼頃であったが、じきに一隻のカヌーが近づいていった。船の場所から見て、さんご礁に乗り上げ、その他の状況から見ても遭難したことは明らかであったからである。船上で四人の日本人が見つかったが、一人をのぞいて全員がひどい壊血病にかかっており、二人は歩行困難で、もう一人もそれに近い状態だった。四人目だけが健康で、ほとんど一人で船を守っていた。この遭難者たちは十ヵ月から十一ヵ月の間、甲板に時おりたまる雨水を飲料水として、海上を漂っていたのである。水桶はほんの少しで、せいぜい二、三週間の航海にしかできていなかった。船は魚を積んでいたが、台風に遭遇して、知らぬ間に沖に流され、一年近くも漂流した後にオアフ島にたどりついたのだった。最初は、船に九人乗っていたが、病気や水と食料の不足から死亡し、たった四人に減っていた。

この日本人たちはオアフ島に十八ヵ月間留まった後、カムチャッカ方面へ航海する船に便乗した。そこから日本の北部に入り、ひそかに南を下って帰国したいと思っていたようだが、その後の消息はわからない。

ハワイのもう一つの雑誌『ポリネシアン』には、キャスカート船長の率いる捕鯨船ジェームズ・ローパー号によって、別の日本人四人が救助されたという記事が出ている。帆船は百五十トンから二百トンで長者丸といい、一八三九年（天保十）六月六日に、ハワイと日本の間で洋上を漂流中に発見されたそうである。

救助されてから日本に戻ったものは、自分たちの体験を口述して『蕃談』と題する三巻に残しているが、その中に一八三八年（天保九）に新潟を出港した光景が描かれている。一行七人のうち三人が死に、平四郎五十歳、次郎吉十八歳など、残る四人がハワイ島のヒロにたどり着き、そこで一八一八年（文政元）か一八一九年（文政二）に岡山からハワイに流れ着いた船頭の九衛門という名前の日本人に出会った。九衛門はハワイ語を習得していて、死ぬまでハワイで暮らしたいと思っていたが、彼らには、東洋へ向かう捕鯨船がもっと多いマウイ島のラハイナか、オアフ島のホノルルへ行くようにすすめたという。『蕃談』の中にはハイラム・ビンガム牧師、リーバイ・チェンバレン、ジャッド医師など、当時ハワイにいた人物の名前も出てくる。

M・C・アレクサンダーは、四人の長の平四郎のことを、謙虚で働き者だが、ホームシックにかかっていると書いている。船が入港するのを見るたびに、平四郎はボールドウィン医師のところへ走ってきて平伏し、ボールドウィンの子供たちを指さし、自分には日本に残した五人の子供がいると五本の指を立てて示したという。しかし、一八三九年十一月五日、平四郎は重病にかかり、カメハメハ三世までもが見舞いに訪れたが、翌朝死亡した。簡単なキリスト教の葬式の後に共同墓地に埋葬された。残りの日本人たちは四年半後に故国に戻った。

名古屋から黒潮に乗ってカナダに流された帆船には何人かの生存者がいたが、音吉、岩吉、久吉の三人だけがインディアンの難を逃れて、一八三四年（天保五）にハワイに立ち寄った。彼らはハワイから英国を経て香港への航路をたどったが、日本に帰れば命がないことを恐れて香港に留まった。三人は聖書を日本語に翻訳したが、愛知県知多郡の小野浦にこれを記念する碑が残っている。

この他にも、数隻の漁船が漂流中の日本人をハワイに運んだ。仙太郎、三十七歳もアメリカの商船に救助され、サンフランシスコに連れていかれた帆船の乗組員十六名の中の一人だった。彼らは密貿易監視船に乗って一年間働いてから、アメリカのスループ型の軍艦セント・メアリ号に移り、後に上海に来て、そこから帆船サスケハンナ号で日本へ向かった。

日本の土を踏めば投獄されて一生牢獄で暮らすか、打首になると聞いていたので、日本の役人が乗船して身の安全を保証しても、仙太郎は横浜で船を降りることを拒んだ。そのうち船員のひとり、後にバプテストの牧師となったJ・ゴーブルに助けられ、仙太郎は彼についてニューヨークに渡り、そこでサミュエル・センサンと名乗った。ハワイの新聞『ザ・フレンド』は、一八六〇年（万延元）三月一日に、日本最初の遣米使節団の一行がサンフランシスコと首府ワシントンへ赴く途中でオアフ島に二週間立ち寄った際、仙太郎がゴーブル氏とホノルルに滞在していたことを記している。

3　ジョセフ・ヒコとジョン万次郎

もっとよく知られた漂流者に、ジョセフ・ヒコとジョン・マンこと万次郎の二人がある。

ヒコ、または彦太郎は、一八五〇年（嘉永三）に栄力丸に乗った他の十七人とともに外海へ吹き流されたが、幸いにも乗組員はアメリカ商船オークランド号に救助され、サンフランシスコに連れていかれた。十五歳のヒコは学校に通い、アメリカの帰化市民にまでなった。ようやく帰国したときには、日本は開港が徐々に進み、外国貿易が広がりつつあった時代で、ヒコは幕府にたいして航海術と貿易について助言することができた。彼はまた *A Narrative of a Japanese*（『アメリカ彦蔵自伝』）と題する英文の自伝を書き、その中で異国の土地や人々についての印象を書き残している。

もう一人の有名な漂流者は万次郎である。四国の土佐中浜に生まれ、一八四一年（天保十二）一月、十五歳のときに仲間の四人とともに漁に出た。この四人は筆之丞三十八歳、重助二十五歳、五右衛門十六歳の三人兄弟と、友人の寅右衛門二十七歳だった。

八日後に、彼らは伊豆の無人島である鳥島で座礁した。六ヵ月の間岩穴に住み、雨水を飲みながら捕れた鳥や魚を食べていた。重助は船が岩に衝突した際に左足に怪我をして手当てが必要だったが、やせ衰えていくのをただ見ているしかなかった。

ある日、一隻の小船が島に漕ぎよせてくるのを見てたいへん驚いたが、アメリカの捕鯨船ジョン・ハウランド号の乗組員たちが島に亀を探しにきたものだということが後でわかった。

五ヵ月後の一八四一年十一月十一日に、彼らはハワイについた。救助された者たちはハワイに残ったが、万次郎は船長W・H・ホイットフィールドのマサチューセッツ州フェアヘイブンにある家に招待された。万次郎はそこで学校に通い、ホイットフィールド家の息子同様に扱われた。

五年後、万次郎がハワイに戻ると、重助はすでに足の怪我がもとで死に、オアフ島カネオヘに埋葬されていた。筆之丞は伝蔵と名前を改めていたが、五右衛門とともに生きており、一八四四年（弘化元）にハワイの市民権を取った。その証明書にはケクアナオア知事の署名が見られる。寅右衛門は島の娘と結婚していた。

一八五一年（嘉永四）に日本の琉球に上陸することに成功した万次郎は、そこから有力大名の薩摩藩主、島津斉彬《なりあきら》の城下町である鹿児島に、次いで長崎をへて生国である土佐へ呼び出された。両所では牢に入れられ、徹底的に取り調べられ、また五十日以内に大型の洋船を造るよう命じられた。五右衛門と伝蔵もいっしょに、大勢の船大工を使って命じられた期間内に船を仕上げた。万次郎は天文、造船術、近代武器、軍事学を教えたが、その名声が広がると、江戸に呼ばれ、翻訳官、通訳官、老中の相談役として仕えた。

万次郎が恩人サミュエル・デーモン牧師に贈った名刀関兼房。写真の人は万次郎の子、中浜東一郎

万次郎は横浜で日米条約のための準備にたずさわったが、一八五四年（安政元）にペリー提督がふたたび日本に来航して日米和親条約が結ばれたときに、提督との面会は許されなかった。一八五六年（安政三）に、万次郎はボーディチの *New American Practical Navigator*（『アメリカ合衆国航海学書』）の翻訳にとりかかった。この本は、

日本が長い鎖国の後に世界の航海術に追いつくために役立った。一八六〇年には、咸臨丸に乗って日本最初の遣米使節団に通訳として随行し、翌年、万次郎は将軍によって普請役格に列せられ、中浜という姓を名乗ることを許された。

4 仙太郎とトメ

もっと時代が下ってからの漂流者の中に、もう一人の仙太郎がいる。中村トメは一八九五年にハワイに到着し、すでに移民していた夫が小さな店を開いていたマウイ島キパフルに渡った。そこで砂糖工場の夜警として働いていた仙太郎に会った。当時夜警は移民には格の高い仕事とされていた。

仙太郎はトメたちに、自分は一八六六年（慶応二）にハワイへ漂着したと話していた。仙太郎は二人の友人と話し合ったすえ、自分たちは下級武士であり、将軍の力が衰えている時代に、藩はどんなささいな動乱にも巻き込まれるおそれがあると考え、漁船を手に入れて船の行くがままに身を任せたのである。仙太郎は後に、地主であるハワイの酋長の娘と結婚した。息子と娘が数人あったが、娘の一人はお梅と呼ばれていた。

しかし、仙太郎とともにハワイに来た鈴木国蔵の話はこれとは違う。彼によると、この三人――田中鶴吉はオーストラリアで助けられた――は、捕鯨船のドイツ人船長に雇われたが、ハワイで降ろされたという。彼らが日本のどこかの港で雇われたのか、太平洋の真ん中で拾われたのかは不明である。

石井仙太郎の家族。仙太郎（右端）はハワイ女性カヘレと結婚し、日本人移民のためにつくした

一八六〇年、将軍家茂は日米修好通商条約の批准交換のため、外国奉行の新見正興《しんみまさおき》を正使、村垣範正を副使とする使節団を米国に派遣し、国際社会の仲間入りを果たした。一行は米国の軍艦ポウハタン号で航海したが、漂流者の万次郎が随行艦の咸臨丸で同行していた。一八六〇年三月六日、一行は石炭の補給のためと、船が暴風で破損したため、予期せずしてホノルルに寄港した。カメハメハ四世とエマ女王は歓迎の宴を催し、日本人一行は立派な饗宴に招かれた。ゴーブルに助けられた仙太郎を含めて、日本人の漂流者はみんな通訳に使われた。

サンフランシスコでは使節団一行は礼儀正しく、愛想よく、好奇心旺盛だった。一行の人選は一人一人の知性や能力によって慎重になされていた。例えば、港に停泊したクリソポリス号を訪れると、たちまち何組かに分かれて、臆面

ホノルルに寄港した遣米使節団（1860年）

もなく「船全体をスケッチし、船材の形を描き、あるゆる部分の寸法を測りはじめた。……同じものを本国で造るための資料を彼らは手に入れたのである」重複はまったくなかった。誰もが自分の役割を心得ており、各自が整然と能率的に仕事をこなした。

日本人たちが好奇心旺盛なら、アメリカ人も負けず劣らずだった。大使一行の着物の繊細な絹地を、まるで店頭の展示品でもあるかのように指で触れたり、要人たちの両脇差をじろじろ眺めたりした。首都ワシントンで一行が開会中の議会を訪れたときは、傍聴席は大勢の見物客であふれた。一行が議事堂を出ると、傍聴席の見物客もいなくなった。オペラ見物のときも、オペラグラスは舞台のオペラよりも日本人一行に向けられていた。新見豊前守がオペラグラスを借りて目にあてると、何百もの眼がこちらを見ていた。オペラにはなじみがなかったのだろう、新見は途中で席を立った。

フィラデルフィアでは、日本人を一目見ようと五十万のアメリカ人が道路に人垣を作ったが、この地で一行は、日米通商条約とアメリカへの使節団派遣の責任者である大老、井伊直弼の暗殺を知った。国では主だった藩がいまだに陰謀や戦いに巻き込まれていた。外国貿易や外交を促進する日本の開国に反対する藩もあった。

しかし、好むと好まざるとにかかわらず、日本は開港し、貿易にたずさわる外国人が日本に入り、日本から労働者が出て行った。許可をもらってグアムへ行く労働者もいたし、ハワイに招かれた者もいた。一八六八年にハワイへ渡った者は、将軍が大政を奉還し王政復古の世になりつつあるときやってきたことになる。「元年者」すなわち明治元年と改元された年に渡ってきた移民たちは、ハワイの日本人労働者の先駆けとなった。百五十人あまりの興味旺盛な冒険好きな男女にとって、異国の生活は現実のものになろうとしていた。その中には、三十四日間の長い船旅の途中でいつ出産しても不思議でないほどの身重の女性も一人混じっていた。

漂流者たちの記した数々の信憑性の高い日記や、アメリカ捕鯨船の航海日誌の記録などからすると、ハワイに流れ着いた人々の中に女性がまじっていたとしても不思議なことではないだろう。ただめずらしいのは、芸者小染が小船の中で六十日間を生き抜いた、忍耐と生きのびる術である。小船は流木のように、太平洋の真ん中で揺られつづけたにちがいない。船上では、生きるためのわずかな食料や水を得るための、肉体的にも精神的にも戦場のような状態であったにちがいない。小染はまさに、負けじ魂の強い、初期の日本人移民女性の先駆けにふさわしい。女たちは自らの運命を切り開くため、卑屈さも、従順さも、我慢も、謙虚さもかなぐり捨てたのだった。

第二章　元　年　者

1　最初の移民労働者

夫のオザワ・キンタロウ［小澤金太郎］が三年契約でハワイに働きに行くつもりだと告げたとき、トミは十九歳で、七ヵ月の身重だった。その前の年の一八六七年（慶応三）、トミの夫は『万国新聞紙』の広告を見て望みを抱いた。広告には、次のように書いてあった。

米国へ学問修業交易または見物遊歴に渡海被成度《とかいなされたき》ものは随分御世話《おせわ》可申候《もうすべくそうろう》　横浜九十三番　ウェンリート

友人の話では、ハワイの砂糖きび耕地《プランテーション》に仕事があり、労働者の募集が行われているとのことだった。留学も、事業も、観光もすべて不可能な夢だったが、砂糖きび耕地の三年間契約となると、これはまた別である。今や不可能だった夢が現実となったのである。

一八三五年（天保六）には、すでにハワイの砂糖きび耕地では、外国人労働者を導入する必要性を認めていた。ハワイの原住民は、砂糖きび畑の苛酷で単調な労働を好まなかったからである。一八五一年（嘉永四）から翌年にかけて、厦門《アモイ》から中国人が二百八十人、さらに香港からは五百二十二人の労働者が月額三ドルに、衣食住、渡航費、医療費つきの五年契約で導入されていた。しかし、働き者で倹約家の中国人たちは、契約期間が過ぎるとすぐに耕地を離れ、町に移って自分たちの店を開いた。

一八六〇年にカメハメハ四世は、幕府にたいしてハワイへの日本人労働者募集要請の書簡を送った。すでに、中国人労働者とともに米国で鉄道建設に従事していた日本人労働者もいたからである。しかし、日本国内では藩同士の衝突が絶え間なく、開港を求める通商条約をたずさえて米国総領事タウンゼント・ハリスが到着したこともあり、将軍は多くの問題を抱えていて、カメハメハ王の要請に即答できなかった。

一八六五年（慶応元）三月十日には、ハワイの外務大臣R・C・ワイリーが、翌年の三月二十四日には、その後継者であるチャールズ・ド・バリグニーが、横浜駐在のハワイの総領事ユージン・バン・リードに、日本人労働者の導入は急を要することであると、次のような書簡を送った。

ハワイ王国への日本人移民問題は日増しに関心が高まっている。労働者や使用人などの移民奨励に向けて、可能なかぎり援助を提供したいと思っている。しかし、これは単に日本人移民が提供する労働力のためばかりでなく、日本人移民がこの地に住居を定め、類似性の著しいわれわれハワイ人と融合することを希望するものである。

二十七歳のオザワ・キンタロウは、ハワイが正確にはどの位置にあるのか知らなかった。だが、何世紀にもわたって、多くの日本の若者たちに生まれたときから定められている社会的、経済的階層や貧困から逃れる機会を、ハワイの地は確かに約束しているように思えた。外国人と接触すれば死刑か、一生を牢獄で過ごさなければならなかった昔では、夢にも考えられなかった機会である。募集のうわさと海外渡航にたいする幕府の許可ははたして本当だろうか。

神奈川県の当時は小さな漁村であった横浜に、八百人以上の男たちが募集に応じて集まってきた。小さな港町に若い男たちがあふれた。ほとんどは、丈夫な木綿の着物に下駄ばきだったが、西洋風の服に靴をはいた者もわずかにまじっていた。思い切って未知の土地へ行こう決めて契約に署名し、日本を離れて外国で三年間働く許可を役人から実際にもらった者たちを、町の人々は興味深そうに眺めた。

若い男たちは病気がなければ合格し、旅券を受け取って旅館太田屋で乗船を待った。船は最初、大型のリサイフ号が予定されていたが、出帆が何度も延びた結果、リーガン船長の指揮する英国船サイオト号に変わった。十九年間も使った八百トンの三本柱の帆船だった。女性二十名を含む三百名がサイオト号に乗船を許されたが、待機期間が長かったし、出港自体も危ぶまれたので、この数は百八十名に減っていた。

2 サイオト号での船旅

一八六八年（慶応四）五月十七日になって、ついにサイオト号は横浜から密かに出港したが、通関手続きをすませた移民労働者たちは有効な旅券をもっていなかった。出船の最後の準備が進められていた五月に、在位間もない将軍慶喜の幕府が倒れて京都の朝廷が権力の座に返り咲いたが、幕府が交付した旅券を新政府が無効としたからである。十四歳の睦仁天皇の明治政府は、日本がサンドイッチ諸島と条約を結んでいないことと、日本人が三年間もの長いあいだ他国民の使用人や労働者として仕えることに反対であるという理由で、旅券の発行を拒否していた。また明治政府は、駐日総領事を委任されていたアメリカの実業家で、日本人労働者のハワイ導入に尽力していたバン・リードと外交問題を討議することも拒んだ。

サイオト号にはリーガン船長と乗組員十四人、そして募集に応じた百四十四人の移民労働者が乗っていたが、出港してから二、三日たつと九人の密航者が見つかり、その数は百五十三人になった。日船には、白人医師のデビッド・J・リーとリーガン船長の代理人D・A・バウムが乗っていた。日本人労働者は比較的年齢が若く、十八人が十歳から十九歳、百二人が二十歳から三十歳、二十二人が三十歳から四十歳、三人だけが四十歳くらいで、残りは年齢が不明だった。

船は精米二十俵、玄米五百俵、味噌五十樽、醬油五十樽、そして茶を一箱積んでいたが、新鮮なものを積もうとして出港直前に調達するはずだった野菜やにわとりや魚は、とうとう積まずじまいだった。船は予告もなしに出港したので、これらの食糧を届けさせたり、日本人の好きな漬物や海苔や昆布などを用意する暇がなかった。

何千マイルも彼方のハワイへ向けて旅立つことは、ある者にとっては希望の象徴であり、またある者にとっては、必要に迫られて故郷を離れるという恐ろしい現実だった。これは、このときも、その後になっても同じである。土井彌太郎教授が、その著『ハワイ移民史』の中で、山口県の沖にある移民たちの故郷、大島の様子について述べているが、日照りが数年も続き、瀬戸内海の三番目に大きな大島でも、生産される食料にくらべて人口過剰で、一時は島民のおよそ三分の一が死亡し、生き残った人々もビタミンとミネラルの不足から脚気にかかったという。

男たちは大工、石工、水夫などの出稼ぎ人として働くために島を離れ、女たちは一番手のかからない綿を栽培した。しかし、干ばつや時おり襲ってくる洪水にくわえ、頻繁に起こる藩同士の権力争いなどで強健な島の若者が失われることが、食料難と不安定な状態になる原因だった。食料不足がひどくなると、島の人々は草木の葉をもぎ、その根を掘って食べたこともあった。

ハワイの耕地で働けば、健康で頑丈な男なら旅費、食事、仕事着一式と医療および住居が提供され、それにくわえて一ヵ月に四ドルの賃金が支給されるという話がこのような村に伝わると、男たちは躊躇しなかった。彼らは三年とはいわないまでも、家を離れて働くことには慣れていた。それに、もし年間ほんの十二ドルでも貯金ができるなら、……この夢のような機会に応募するのを、男たちは待ちきれなかった。

ハワイまでは三十四日間の長旅だったが、船は嵐に見舞われ、大波に揺れて危険なために火を起こすことができず、移民たちは最初の二、三日は煮炊きした食物を口にすることができなかった。男も女も、こんな毎日が最後まで続くかのかと思って絶望的になった。寝台に、ふんどしや帯で自分の体を縛りつける者もあった。しかし、四日目には嵐はおさまり、甲板へ上がって新鮮な空気を吸うことができた。

二十一日目になって、移民の一人和吉が野菜や果物不足から脚気が悪化し、死亡した。船長は遺体を帆布で包ませ、移民たちを甲板に整列させて簡単なキリスト教の葬式をすませると、遺体を海に沈めた。移民たちは恐ろしさに震えた。日本でも常に死と隣り合わせに生きていたので、死が恐ろしかったわけではない。広漠たる海に葬られて、墓所をしめす墓石もなく、命日や盆に魂が帰ってきても、弔いの線香一本もたててもらえない境遇になるかもしれないと思って恐ろしくなったのである。

男や女たちは、伝達や管理がしやすいようにいくつかの組に分けられた。女は五人だけだった。移民の総代に選ばれたのはマキノ・トミサブロウ［牧野富三郎］だった。三十五歳のマキノは千葉出身の侍で「サブロウ」と呼ばれ、通訳の役目をした。他にも侍が三人乗っていた。ヒグチ・リョウスケ［樋口良助］とアオヤギ・トウキチ［青柳藤吉］は高松藩の出身で、ハットリ・エンエモン［服部

初期移民の見たホノルル港

円右衛門」は二十七歳で尾張藩の絵師だったが、三人とも英語が話せなかったので、元締めの役目は果たせなかった。

この航海を記録したのはサクマ・ヨネキチ［佐久間米吉］という二十八歳の密航者だった。ヨネキチは、毎日丹念に日記をつけていたので、サイオト号上での毎日の出来事が記録保存できたのである。彼は佐久間又衛門と、侍の家の一人娘の佐久間アキの二番目の子で、読み書きができるだけでなく、侍以外には許されていなかった苗字をもっていた。

船には十三歳のイチゴロウ［石村市五郎］と十五歳のゼンベイ［善兵衛］という悪童が乗っていた。イチゴロウは嫌われ者で、絶えず他人をいらいらさせていたので、「まむしの市」と呼ばれていた。

「元年者」が着いた頃のホノルル郵便局（1870年）

3　砂糖きび耕地の労働条件

一八六八年六月十九日にハワイに到着した移民たちは、カメハメハ王の出迎えを受けた。魚の塩漬が一樽贈られたが、新鮮な野菜と果物のほうがいいとぶつぶつ不平をもらす者もいた。移民たちは検疫所で形だけの身体検査を受け、たいした病気もないと診断されたものは、あちこちの島の耕地に送られる前に二、三日、ホノルルの町とオアフ島の見物が許された。

初期の記録によると、日本人移民は一般的に行儀も人柄もよく、身なりがきちんとしていて、分別もあったが、一つだけ問題があった。それは畑仕事ができると言ってきたのだが、実はそうではなかったことである。実際のところ、たいていの者は面接を受けたときは失業中で、以前はきこり、板場、養蚕、野菜の行商、絵師、左官、大工、石工、鞍作、髪結などをやっていたのだった。彼らが苛酷な熱帯の太陽の下で、一日十時間、週六日、一ヵ月二十六日間働く労働に不向きなことはほとんど疑いの余地がなかった。検疫所をパスしても、仕事に就く前に結核で死ぬ者もいた。貿易商のパトリック・マイケル・マキナニーは、色白できりっとした顔付きのナカスケ〔仲助〕を奉公人に選んだが、マキナニー家へ出仕したときには病気がひどく入院加療が必要だった。ナカスケが二、三日後に死ぬと、マキナニーはこの奉公人の渡航費七十ドルと、入院治療費七ドル五十セントの払い戻しを要求した。

一八六八年七月十一日付の『パシフィック・コマーシャル・アドバタイザー』は、一人の日本人移民がマウイ島のウルパラクアで自殺し、テオ・H・デビス会社のカラエア耕地でも二人が日射病で死亡したことを伝えている。

移民たちは、一ヵ月に受け取る四ドルの給料の中から半分の二ドルを耕地の会社によって強制的に貯金させられていたので、残りの二ドルでは、耕地の店で買物するにも足りないといって抗議した。各耕地の代表からなる委員会はこの抗議を認め、全額四ドルの支払いに同意したが、その中から耕地の店でつかった金額と、移民貸付金で日本で購入した品物の借金の返済金として月々五十セントを差し引くという条件で要求を受け入れた。

こんな状態では、不平が絶えなかった。そこでついに明治政府は上野景範と三輪甫一の二人を実情調査委員に任命し、一八六九年九月にこの二人を使節としてハワイに派遣した。その結果、翌年四十名の「元年者」の労働者が日本に帰った。残りの者は一八七一年の契約満期までハワイで働いたが、その後は帰国した者や、アメリカ本土に仕事を見つけた者、ハワイを永住の地とした者などがいた。

耕地労働者にくらべ、奉公人として働いた者は幸運だった。夜は英語学校に通うことが許され、主人と同じ食物を食べることができた。こうした奉公人の生んだ子供は、主人の子供や孫と一緒に育てられ、親も子供も耕地労働者より早く英語を覚えることができた。

ハワイ人の女性と結婚した者も暮らし向きはよかった。日本で袈裟衣を作っていたクワダ・マツゴロウ［桑田松五郎］は、初めはマウイ島で仕立屋になり、それからハワイ島へ移った。マツゴロウはマレアナ・アウエコオラニと結婚し、二人の間にキミという娘ができた。このキミは後にクック夫人となり、その息子のトーマスはヒロ管理委員会の議長になった。これは、現在の市長にあたる役職である。

静岡県出身の大工、サトウ・トクジロウ［佐藤徳次郎］はハワイ人の女性、カララ・カメコナと結婚して四人の息子と四人の娘をもうけ、ハワイ島パホアの名士になった。

4　フクムラ・トヨキチ

トヨキチは、後に苗字をもつことが許されるとフクムラ・トヨキチ［福村豊吉］と名乗ったが、ハワイに着いたときは十八歳だった。五人兄弟の長男だったので家に残って東京に近い八百エーカー（約三百三十反）の田畑を継ぐべきだったのだが、家を出て幕府方の軍に入った。幕府方が官軍に負けると、敗軍に属していた自分は首をはねられる恐れがあると思い、ハワイ行きに応募したのである。

トヨキチは「トヨ」と呼ばれ、初めはカウアイ島に送られて、レゼンテ氏のもとで働いた。それからホノルルに戻り、ホテル街にあった旧ロイヤル・ハワイアン・ホテルで調理場の雑役として働いた。後にウエーターに昇格し、そこでは富豪サム・パーカー氏から多額のチップをもらったりした。そして、最後にはコックになり、その後はウォーターハウス家で長年働いた。

トヨキチはマウイ島でモロカイ島から来たルキア・カハと結婚し、息子のソロモン・ケンと娘のメアリの二人の子供ができた。妻のルキアはソロモンが九歳、メアリが七歳のときに死んだ。十年後にトヨキチは日本へ帰る決心をし、ソロモンを一緒に連れていった。

ソロモンは、一八八四年にハワイ貴族の子弟のための学校だったロイヤル・スクールに通いはじめ、それからセントルイス・スクールとカメハメハ・スクールへ通っていたので、ハワイ語に堪能だった。これが後に、ハワイへ戻ったときに移民と間違えられて入国を拒否されたときに幸した。ハワイ語が自由に話せたために、移民局の役人は、この若者が確かにハワイで生まれ育ったということを最後には納得したのである。

5　オザワ・トミ

百五十三名の移民の中には五人の女性がいた。二十一歳のタツは二十五歳の魚の行商人ゲンザブロウ［源三郎］の妻であり、二十二歳のコトは三十二歳のブスケ［武助］の妻であった。二十二歳のハルは二十八歳のモヒチ［茂七］の妻で、サイオト号に乗船したときは身重だった。四十歳のマツは四十一歳の庭師タロキチ［太郎吉］の妻だった。一八七一年に契約満期になって、日本に帰国したこの女性たちのその後についてはほとんど何もわかっていない。

最後に、十九歳のトミと、その夫二十七歳のキンタロウがいた。トミは船に乗ったとき八ヵ月の身重だったが、密航者だった可能性が高い。ヨウタロウという名前の赤ん坊を生んだのはサイオト号の船上だったか、上陸後だったか定かではない。

トミはハワイに着くまでずっと恐れていた。移民は男女の別なく一日に十二時間も砂糖きび畑で働かなければならないと聞かされていた。もし、耕地のボスが仕事の合間に赤ん坊に乳をやる時間さえくれれば、トミは丈夫だったし、やる気も十分にあった。しかし、昼休みがあるだけで、朝食から一日の仕事が終わるまで、休み時間はないと聞いていた。生まれたばかりの赤ん坊を抱えてどうしたらよいのか。二、三時間おきに乳を欲しがって泣く子が、一日に三度だけの乳で生きていけるのだろうか。ヨウタロウはどうなるのだろうか。このことが一番心配だったと、トミは後になって語っている。

驚いたことに、役人や耕地の支配人、大実業家などの裕福な人々には、優先的に自分たちのメイドや庭働きの男を選ぶ機会が与えられていた。一組の夫婦が、トミとキンタロウが生まれたばかりの赤ん坊を抱いて寄り添って立っているのに目を止めた。この学者風の紳士とその妻は小声で何か話していたが、トミとキンタロウを選んだ。

こうしてヨウタロウはアメリカの食物を食べ、大きな清潔な家や庭で遊び、背が高くがっしりとした体格に成長した。ヨウタロウは英語を学んで、ハワイ警察の日本人警察官の第一号になった。

一八七二年にトミは娘のイトコを生んだが、イトコはハワイで生まれた最初の日本人の女の子であった。実際、その後の十三年間、日本人夫婦の間に生まれた女の子はイトコしかいなかった。イトコはハワイ裁判所のビッカートン判事の家庭で育ち、白人やハワイ人の子供たちと一緒に遊び、勉強した。英語が非常にうまかったので、十二歳で日本とハワイの移民条約に関する公聴会で、駐日ハワイ代理公使ロバート・W・アーウィンの通訳を務めたと伝えられている。アーウィンはイトコに非常に感心し、教育を受けさせるため日本に連れていきたいと申し出た。日本からハワイに戻ると、イトコはオクムラ・タキエ［奥村多喜衛］牧師に頼まれて、ヌアヌ街とベレタニア街にある幼稚園の日本部の保母になった。そして、一八九九年に当時の横浜正金銀行ハワイ支店の支配人であり、日本人慈善会会長のイマニシ・ケンジ［今西兼二］と結婚して、アメリカ人社会で大変尊敬を集めた。イトコは東西からハワイを訪れる外交や実業界の要人たちをもてなすホステス役をも務めた。

オザワ・トミ

トミの末息子のアーサー・ケンザブロウは一九一〇年にミシガン大学ロースクールを卒業して、ハワイの日系二世で最初の弁護士になったが、一九一七年に四十歳でこの世を去っている。

小柄なトミは一九六八年に大胆にも小型の船に乗り込み、息が詰まり、臭気を放つ船底の不快さにもめげず、いつ初めての陣痛を迎えるかもわからないまま、三十四日間を生き抜いたのである。たった一人の十代の女性だったトミは、夫について異国に行く決心をしたことが賢明な選択だったかどうか疑ったにちがいない。しかし、夫に自分たち三人にとってよい暮らしができる機会になると説得されて、新しい土地への冒険に乗り出す決心をしたのだった。

先頭に立ち、懸命に働き、忍耐強く生きることによって、トミと夫と三人の子供たちはハワイの歴史の中にそれぞれの足跡を残すことになった。日本を発ったときには単なる付属品に過ぎなかったかもしれないが、後にトミは付属品以上であることを証明した。ハワイでは、女性であっても、トミは認められ、受け入れられる個人であることができた。

「新世界」の開拓者的な環境が、トミに伝統の厚い殻を破らせ、彼女や子供たちが自分と自分の価値を見出して、開花させるのに幸したといえるだろう。

第三章　官約移民

1　シティ・オブ・トウキョウ号の移民

一八八五年二月八日、シティ・オブ・トウキョウ号がホノルルの港に近づくと、人々の興奮は高まった。母親たちは自分の子供を探して、顔や手を拭いてやったり、洗いたての服を着せたりした。男たちは家族のわずかばかりの身の回り品を集めて柳行李に詰めた。子供たちはといえば、まるで大きなねずみのように、船員も船客も区別なくかきわけながら、船の階段を上から下へ、端から端へと走りまわった。だが、しばらくすると、全員はデッキに集まって自分たちの新しい故郷となるハワイの島々を眺めた。

ワキタ・ラク［脇田ラク］はふたたび陸地に足を降ろすのが待ちきれなかった。陸地なら、どこでもよかった。四ヵ月の身重には、じめじめした船室の臭気や、絶え間なく続く船の横揺れ、夜昼となく激しくとどろく床下のエンジンの音は耐えがたかった。元気な息子のセイタロウ［清太郎］

第一回官約移民船シティ・オブ・トウキョウ号

の身を思って、やっと耐えてきたのだった。

一八八四年に遥か彼方のハワイで働くという契約に応募したとき、ラクは二十九歳、夫のトラキチは三十四歳だった。妊娠は予期せぬことだったが、ラクと夫は、四歳の息子のセイタロウと生まれてくる子供のために、新しい生活を求めてとにかく海を渡る決心をしたのである。

イイダという移民の赤ん坊も、もし日本で生まれていたら、かなり違った人生を歩んでいたにちがいない。一八八五年、三十歳のイイダ・ヒサノが三十六歳の夫タケゾウとともに、六歳のシュンタロウと二歳のテルジの二人の子供を連れて、太平洋航路のシティ・オブ・トウキョウ号に乗って横浜を出たときは、八ヵ月の身重だった。

ハワイに着くと、他の者たちは健康診断のために検疫所へ送られたが、ヒサノは馬車でクイーンズ病院へ直行した。当時のクイーンズ病院は、奥行十四メートル、間口三十メートルほどの石造りの二階建だった。翌日、女の子が生まれた。

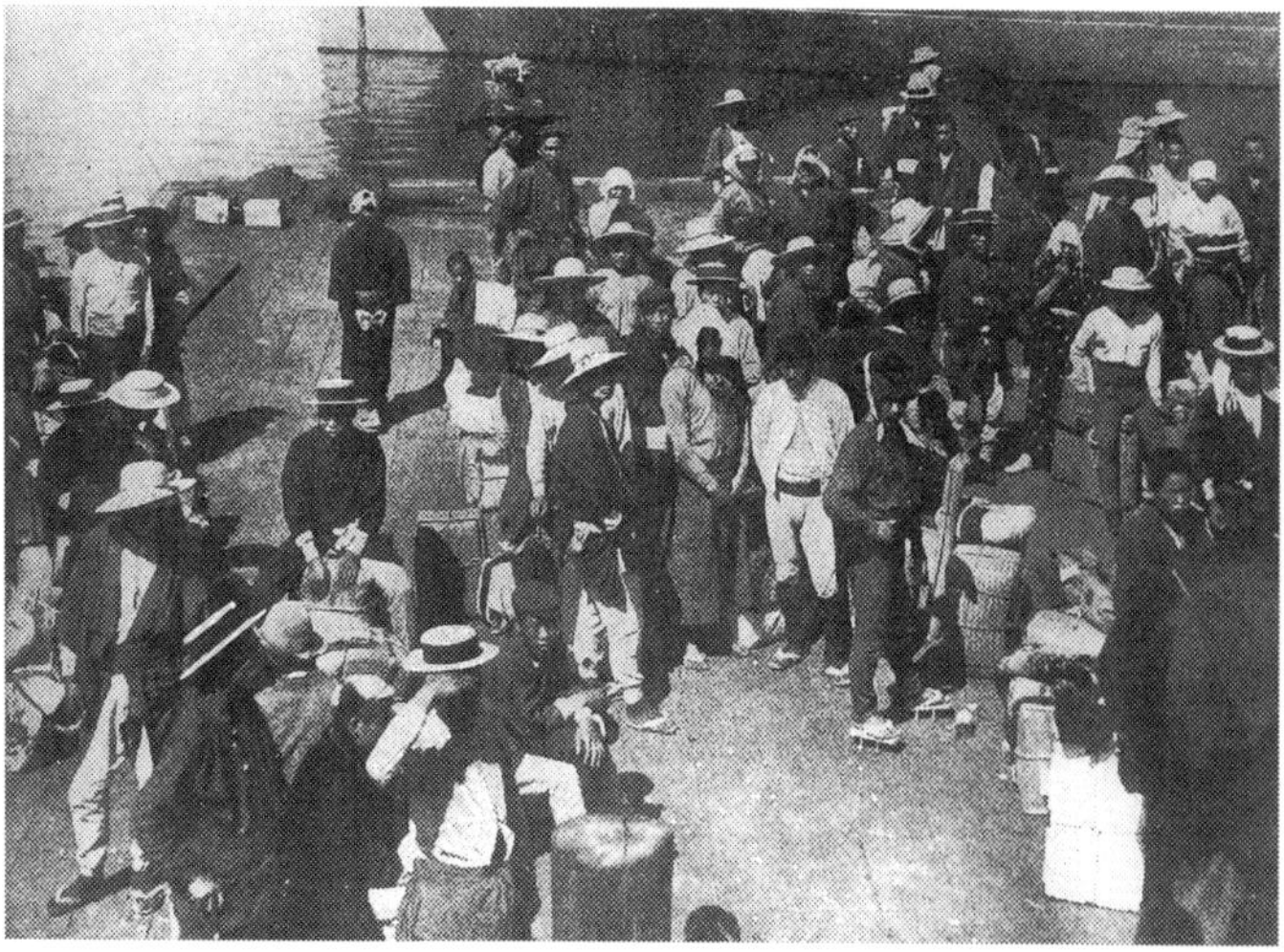

ホノルルの埠頭で他島の耕地へ行く船便を待つ移民たち

カラカウア王と、後にリリオカラニ女王になる王の妹、リディア・カマカエハ・パキ王女はこの知らせを聞いて喜んだ。二人は赤ん坊を見るために馬車で病院におもむき、後にきれいな産着を贈った。赤ん坊の初洗礼式ではこの二人が名付け親になった。赤ん坊は王女にちなんでリディア、また時にはリリアと呼ばれ、日本人社会の羨望の的となった。王様が名もない労働者の子供の名付け親になろうとは信じられなかったのである。

「自分たちハワイ人に似ている——おそらく、見かけというより性質の似ている——新来者によって島の人口を増やそう」という王の夢がついにかなったことを、移民たちは知るよしもなかった。男六百七十六人、女百五十人、子供百十八人、合計九百四十四人の日本人がハワイに来たのは（九百四十五人が日本を出たが、マツウラ・クマタロウは耕地に行く前に死亡した）、ハワイ政府がポルトガル、中国、日本などの外国政府と三十五年にわたって交渉してきた結果だった。

一八八四年のハワイの総人口は八万五百七十八人で、この中には日本人百十六人が含まれているが、これは主に明治元年の移民とその子孫である。はしか、チフス、インフルエンザなどの、外国から入った疫病で何千人ものハワイ人が死亡したため、王はハワイの人口を増やす手段を探しつづけていた。

外国人労働者導入を許可するため、貴族と庶民の代表で構成されるハワイ議会は、一八五〇年六月二十一日、ハワイ刑法の「召し使い法」を可決した。

この法の要旨は次のようである。「二十歳以上の者は誰でも、文書による契約により、五年を限度として他のために働くことができる。契約期間中に雇用者の承諾なしで職を離れた者は、捕えられて雇用者のもとへ返され、不在期間の倍の期間を働かなければならない。もし、このような規定に基づく労働を拒否すれば、雇用者は奉公人を監獄へ送って、刑法の規定に基いて主人に仕えることに同意するまで重労働を課すことができる」

一八七一年、日本政府はハワイ王国と日本ハワイ修好通商条約を結び、ハワイへの正式な渡航が可能になったが、その中で「両国民は他国の国民にすでに許可し、または今後許可するすべての特権、免除、恩典を自由かつ平等に享有するものとする」と宣言している。日本政府はまた、外国で勉学したり働きたい国民にたいしては誰にでも旅券を交付することに同意した。

ハワイにおける雇用は、ハワイ政府と移民希望者一人一人との合意文書を通してなされたのであり、日本政府との合意によるものではなかった。この契約書には次のような条項が書かれている。

〔ハワイ政府は〕航海中は三等船室と常食を提供する。

〔ハワイ政府は〕夫に三年間の雇用を保証し、要求があれば、妻にも雇用を保証する。

〔ハワイ政府は〕男性には六ドル、女性には四ドルの食料手当を支給する。

米は一ポンドにつき五セント以下で供給する。住居、炊事用の薪は無料で供給する。

これにたいして、各人は耕地では一日十時間、工場では十二時間、それぞれ一ヵ月に二十六日間働かなければならない。

月給は男性が九ドル、女性が六ドルとする。このうち二十五パーセントは控除され、各人の名義で日本領事館を通してハワイ政府郵便貯蓄銀行に〔帰国の際の旅費として〕預金しなければならない。

病気の場合、医療費および最低限度の生活手当を受けられるが、その間の賃金は支払われない。ただし性病とわかったときは、生活手当は支給されない。

昼食のための半時間の休憩をのぞいて、茶、たばこ、昼寝のための時間は与えられない。

毎日半時間の時間外労働にたいしては、耕地によって野菜を作るための四分の一エーカー（約千平方メートル）の土地を貸与される。

世界周遊中に日本を訪れたカラカウア王（前列中央）

ハワイ政府には「凶悪、粗暴な者、あるいは放浪癖のある日本人……、すなわち、移民の間に騒動を起こすおそれのある者や、あらゆる種類の放蕩を助長する者、国家の負担となる者」は日本へ送還する権利が与えられていた。

2　親日家カラカウア王

初期の移民を募集するにあたり、その責にあたっていた外務卿の井上馨伯爵は、自身が山口県の出身であることから移民の大部分を同県から選抜し、残りは主に近県の広島県と、他に神奈川県から選んだ。初めの移民は六百人の応募を予想していたが、応募者は実に二万八千人以上に上った。この中から強健で健康そうな者だけが選ばれた。

カラカウア王と明治天皇との信頼関係は非常に厚く、王は姪である当時五歳のカイウラニ王女を、後に東伏見宮依仁となった当時十五歳の山階定麿親王と結婚させることを提案した。王位を継いだリリオカラニ女王も、イギリスに留学中のカイウラニ王女の気持をいくどかたずねていたらしく、女王へあてて、王女は留学先のロンドンから次のような手紙を書いている。

ご親切なお手紙をいただいてから久しくなります。いく度もお返事を書こうと思いながら果たせずにおりました。お手紙にあった日本のある皇子様とわたくしの結婚のお話についてよく考えてみましたが、どうしても必要でないかぎりお断りしたいと存じます。ある大富豪のドイツの伯爵様とも結婚できたのでしょうが、好きではありませんでした。愛してもいない方と結婚するのは間違っているように思いますし、わたくしはたいへん不幸になり、わたしどもは折り合いよく暮らせないものと存じます。

カイウラニ王女

定麿親王はカラカウア王に、次のような意味の返書を送った。

王の姪御様との婚姻のご提案を受けて大変光栄に存じます。私はまだ成年に達しておりませんので、父上に相談いたしましたところ、すでに生涯の伴侶となるべき相手が決まっておりましたので、王のお申し出をお断りすることを余儀なくされました。王には私の立場をご理解いただけるものと信じております。

カラカウア王の特命全権公使ジョン・M・カペナは、東京で三人の皇族と日本政府の高官たちと会ったときに、次のように述べている。

カラカウア王は、日本人とハワイ人は祖先が同じであると信じていて、これが王の日本への愛着をことさらに強めている。王はハワイの国民と日本の国民が兄弟として、もっと親交を深めることを望んでいる。わがハワイ王国は愛情をもって手を差しのべ、心を開き、貴国の国民がハワイへ渡り、われわれと運命をともにし、わがハワイの島々の人口回復に貢献されることを望んでいる。明治天皇と政府によって送られた人々がわれわれと融合し、ハワイは東太平洋の楽園になるような新しい力強い国家を作り上げるであろう。

カペナ全権公使は次の点を強調している。

もし単に苦力や労働者が欲しければ、中国から導入することも可能であるが、われわれが望んでいるのはそれだけではない。われわれは従順で、働き者で、礼儀正しく、法を守る良民、祖先を同じくする人種がわが国の人口回復を担うことを望むのである。日本人はこれにふさわしい国民であると信じるがゆえに、われわれは将来に希望を抱いており、この目的のために貴国の援助を願うものである。

一八六八年から一八八五年までの期間は、移民に関するかぎり多忙な年であった。日本の記録によると、黒田万次郎、小林重平、長谷川久太郎、吉岡増太郎、大倉金次、竹下松五郎などがハワイへ移民している。ハワイの新聞『ワールド・ニュース』は、ミネアハ号かミネハハ号という船が、きじ、茶の木、柿の挿し木、つばき、くわ、まつ、やなぎ、だいだいなどの木をハワイの島々へもってきたと伝えている。明治元年の移民でハワイに残った人々は、新しい移民を波止場まで迎えに出たり、到着した日本人のために移民局に食物をもってきたりした。

この時代はまたポルトガル人移民の時代でもある。この中から後に日本人耕地労働者のルナ、すなわち現場監督になった人々がいた。一八七八年九月三十日には、英国船プリシラ号がフンシャル・マデイラから百二十名のポルトガル人労働者の男女と子供を運んできた。一八七八年から一八八五年の間に、主にマデイラとアゾレスから一万七千五百人のポルトガル人がハワイに渡って来た。

3　アサヒナ・ウメキチ

シティ・オブ・トウキョウ号から降りた者の中で、最初に職を得たのは、キムラ・サイジ〔木村齋次」だった。キムラは大工だと言っていたが、ハワイの駐日公使で移民輸送責任者のロバート・W・アーウィンに望まれ、二十ドルの前金で雇われた。

二十ドルの前金を支払われたもう一人はモウリ・カキチで、おそらく医者だったと思われる。モウリは妻のハルとモウリ・タツゾウ、イシイ・クマジ、マツモト・ゲンジロウとともにクイーンズ病院に赴いている。

アサヒナ・ウメキチと妻

十五ドルから十八ドルの前金の支払いを受けた者はわずかで、ほとんどが男なら九ドル、女なら六ドルだった。

面接されたり、資格によって仕事が与えられたのではなかった。二十七歳のアサヒナ・ウメキチ［朝比奈梅吉］は、静岡で茶を栽培して売っていたが、商売に失敗し、北の果ての北海道で出直そうとしていた矢先に、ハワイでチャンスがあることを聞き、三年間の移民労働契約に合意したのだった。

アサヒナは剣道の達人でもあったので、ハワイで最初の剣道試合を行った。カラカウア王は、声援を送りながら熱心に相撲を観戦し、力士に酒樽を贈ったりした。アサヒナとイマダ・ヒデオが五尺の竹刀をもち、精巧な胴着や脛当てを着け、面を被り、小手をはめて対戦するのを、王は魅せられたように無言で観戦していたが、戦いが終わると両者に一ドル銀貨を与え、その身のこなしの速さ、敏捷さ、優雅さをほめたたえた。

アサヒナはその細くしなやかな指と貴族的な顔立ち、堂々とした立ち居振る舞いから、耕地労働者や農業労働者には見えなかったし、またそのようにも振る舞わなかった。それでも、まずカウアイ島の耕地に送られて働き、次に離島のニイハウ島にやられて、五十人ばかりのハワイ人と一人の白人と住むことになった。ニイハウ島は百八十四平方キロメートルほどの細長い島で、当時は低いキアウエの木が密生する間を二、三本の泥道が走っていて、民家がまばらにあるだけだった。カウアイ島から二十七キロの北北西に位置し、定期便はなかったので、インテリには孤独な生活だった。

アサヒナは英語もハワイ語もわからなかった。馬に乗れなかったので、羊や牛を追うカウボーイにもなれなかった。そのため、一日十時間、杭の穴掘りをさせられた。しかし、仕事がすむと乗馬を練習し、夜は英語とハワイ語の勉強をした。やがて、その持ち前の指導者の素質と知性により、雇主のゲイ氏の補佐をするようになった。

一八七一年にアサヒナは帰国したが、同じ年にふたたび妻を連れてハワイに戻り、ホノルルに歯科医院を開いた。

カラカウア王のイオラニ宮殿

4　ワキタ・キヨ

ワキタの家はアサヒナより運がよかった。トラキチは以前、日本の帝国大学の食堂のコックだったことが航海中にわかったので、最初は有力な官吏のポール・ノイマンに望まれたが、後に請われてカラカウア王の厨房に移った。

ワキタ・キヨは、家族がハワイに到着してから五ヵ月後の一八八五年七月一日に生まれた。キヨはハワイの王族や貴顕の子供たちと一緒に遊びながら育った。王宮の厨房で栄養のある食物を口にし、普通の日本人少女より背丈が高く育った。キヨは後にオリンピックの水泳選手で金メダルを取ったデューク・カハナモクのようなハワイ人と一緒に遊び、ハワイ語、英語、中国語、日本語を話した。両親はキヨを師範学校のテリトリアル・ノーマル・スクールと日本語学校の中央学院へ入学させた。実にその前途は洋々たるものだった。

ハワイの日本人は、ほとんどが耕地労働者であったにもかかわらず、二十世紀も近くになるとだんだん威張るようになった。一八九四年、日本は清国に宣戦布告し、日本の連合艦隊が黄海海戦で勝利を収めた。一八九五年四月十八日、日本が勝つと日本人街のいたるところに、日の丸がはためいた。日本領事館ではみんなが万歳が唱え、紙の小旗を掲げて、「日本勝って、支那負けた、軍艦とられて泣いていんだ」と歌いながら街を行進した。大砲が響き、楽隊がお祭り気分を盛り上げた。日本人が日本人であることを誇りに思う時代だった。「われわれはここでは労働者でも、祖国は強国日本だ」と言っているようだった。

温室育ちのキヨは、新しく耕地が開拓されていく一方で、毎日二、三人の労働者が死んでいることを知らなかった。一八九七年には、叢林伐採のためにワイパフに送られた六百人の日本人の多数が死亡した。同じ年には、ラナイ島のケエアウモク地方でも六十人の死者が出て、洞窟で火葬にした後、埋葬された。その後、この耕地は廃止された。時が流れ、この罹災者たちの墓はどれが誰のものだか区別がつかなくなったので、最後には日本人社会が遺骨を拾い集めて改葬した。

一八九三年に、ハワイ革命が起こって王国は滅び、臨時政府が設立された。一八九八年七月には、アメリカがハワイを併合して統治権がアメリカへ移り、八月十二日に、二十一発の祝砲がとどろいた。それはある人々にとっては祝いの瞬間であったが、ワキタ家の人々には新しい生活の始まりだった。

キヨとニシガヤ・マサキチ、娘のミキ

キヨは師範学校を卒業しないうちに自分の世界が崩壊してしまった。自分の父親と、温情にあふれた寛大なカラカウア王はすでにこの世を去り、リリオカラニ女王も革命によって退位させられた。母親は生活のために洗濯物を引き受けなければならなかったので、キヨは一点五セントの洗濯物のアイロンがけを手伝った。これはまさに錦からぼろへの転落だった。

母親のラクは、しとやかで美しい娘のキヨが、嫁探しに血眼になっている日本人かハワイ人の男に「ぬすまれて」しまわないうちに、一家で日本へ戻るように友人たちに忠告されていた。しかし、ハワイに残る決心は固かった。最良で、おそらく唯一の策はといえば、キヨに早く夫を見つけることだった。ラクは前途有望な多数の求婚者をよく吟味したすえ、やり手で、陽気で、セオドア・ルーズベルト大統領に面差しの似た、看板書きのニシガヤ・マサキチ［西ヶ谷政吉］に決めた。長身ですらりとしたキヨは、十六歳で、ニシガヤの妻になった。夫のマサキチは、後に請負業者として成功して資産を蓄え、日本人社会の指導者として尊敬され、その財政を援助したりした。

ホノルルのリバー街のあたりには、若者が集まるのに便利な場所がなかったので、ニシガヤとキヨは平屋の家の床を上げて、自分たちの七人の子供や他の子供たちのために、専用の壁に囲まれた大きな「床下部屋」を作った。ここは「ACクラブハウス」と呼ばれ、若者たちが集会を開いたり、活動計画を立てたりするところとして人気があった。

また、一九〇九年と一九二〇年にオアフ島で日本人耕地労働者がストライキを起こしたときは、ニシガヤは住居から立ち退きを命じられた同胞移民のために、大量のおむすびと漬物を用意する場所にクラブハウスを使うように、ストライキの指導者に申し出ている。

それから二十年後、真珠湾攻撃によって太平洋戦争が始まると、母親のラクは恐ろしくなった。自分は日本に送還されて、子供や、孫や、ひ孫から離されてしまうのだろうかと思った。ハワイの外国人に指紋押捺命令が出されると、この危惧が現実となった。ラクは指紋押捺が行われているマッキンレー・ハイスクールへ行くことを拒んだが、最後はキヨが、怒って暴れる痩せた母親をピイコイ街の家からおぶって連れていった。

ラクは裏庭に掘った防空壕もこわがった。戦争が始まって間もない頃、空襲警報のサイレンが鳴ると、子供たちとラクは薄暗くかび臭いこの避難所へ下りていくように言われた。ラクは死ぬのは平気だが、生き埋めになるのはごめんだった。

一度、大きな地震があったとき、みんなは家の外へ逃げたが、気がつくと、ラクとキヨがいなかった。どこだろうと思って子供たちが家の中に戻ると、祖母のラクは部屋の隅で念仏を唱え、母のキヨは頑丈なかしの木のテーブルの下にもぐり込み、娘のエリノアは赤ん坊を胸にしっかり抱いて乳を飲ませていた。各世代がそれぞれの方法で難を逃れていたのである。

ラクが一八八五年に官約移民労働者の第一陣としてハワイへ来る決断をしたときは、すでに二十九歳になっていたので、決して衝動的な判断だったとは考えにくい。移民としてハワイに来た他の女性たちと同じように、ラクも日本を離れるか日本に留まるかのよしあしを、天秤にかけてみたにちがいない。そして、ハワイへ来ることに決めたのは、ラクの中に好奇心、冒険心、未知に賭ける気持、そして将来のためには現在の苦労に目をつぶろうとする気持があったことを示している。ラクは長生きして、子供、孫、ひ孫たちの努力して成功した姿を見ることができた。ラクの一八八五年の賭けは実を結んだのだ。

5　スエナガ・サカ

シティ・オブ・トウキョウ号が一八八五年にホノルルに着いたときの写真の中に、前列の麦わら帽子をかぶり、立派な口ひげをつけた、銃を手にした男たちの前に、六人の小さな子供たちがしゃがんで写っている。一番小さい子供が多分スエナガ・ウメだろう。一歳半で、両親に連れてこられた子供の中の最年少だった。両親はトラノスケとサカである。

サカは村の教師の娘だったが、小学生の頃は勉強が大嫌いだった。ついに父親は、読み書きを習うか、三味線を習うかの二者択一を強いたところ、サカは三味線のほうを選び、盲目の師匠から手ほどきを受けた。当時、学校教師は尊敬されていたので、娘のサカは子供時代を楽しく過ごした。

官約移民の親に連れられてきた六人の子供たち（前列）。前列右端は「元年者」の通訳中村豊松

しかし、農家へ嫁いでから、サカの生活は一変した。親元では一度も野良仕事をさせられなかったのに、今は夫のトラノスケと一緒に毎日働かなければならなかった。土をおこしたり、膝まで水につかって田植えをしたり、殻竿で脱穀したり、籾俵を精米所へ運んだり、山から薪を降ろしたり、夏には野菜を植えて収穫したりするのを手伝うのである。一日のつらい仕事が終わる頃には、サカはぐったりと疲れ果てていた。特に妊娠中はつらかった。

鬼のような姑もいた。一日中働き続けた後でも、姑は「寝る前に糸を紡げ」と言って綿玉を渡したものだった。サカはその玉を手にしたまままよく眠ってしまい、残った綿玉を箪笥の引き出しに隠すことを覚えた。

ある日「綿がたまっただろ」と祖母が言った。祖母はサカが隠した綿玉を受け取り、姑

積荷を待つ移民たち

に渡すようにと、自分で紡いだ糸をもってきてくれた。サカは耐えられなくなって、何度か実家の母のところに戻ったが、そのたびに夫が迎えにきて、帰ってほしいと説得した。

　サカが幸せではなかったところへ、息子の事故があって、さらに不幸が重なった。蚕にやるくわの葉を摘まなければならなかったので、姑に幼い息子の面倒を頼んで出かけたが、戻ってくると息子は池で溺れていた。事故だとはわかっていたが、うらめしく思い、気が沈んだ。娘の誕生も息子を亡くした悲しみを拭い去ってはくれなかった。

　サカがハワイに労働者募集があることを知ったのは、ちょうどこのときである。夫に懇願し、ついにお金を稼ぐためにこの冒険に賭けてみるように納得させた。渡航費、住居費、医療費はすべて支給されることになっていた。

　近所の人々は行かないほうがいいと言った。「ハワイでは山が火を噴き、原住民は色が黒く、熱気で髪の毛はちぢれ、地面は火のように熱いので鉄の靴で歩かなければならないし、いつも傘をもって歩かなければならない」と言う。しかし、サカは、「そんなに熱いなら、どうして砂糖きびが

カウアイ島ハナレイ平原に広がる水田

生えるのか」と切り返した。

サカと夫と子供のウメは一八八五年二月八日、第一回官約移民船でハワイへ来た。夫は六ドル、サカは四ドルを受け取ったが、最初の給料までこれで乗りきらなければならなかった。ホノルルに着くと、サカたちは他の何人かと一緒に組分けされて、島通いの連絡船キナウ号でカウアイ島に連れていかれた。

耕地の生活は楽なものではなかった。耕地の一日は長く、目を閉じるとまたすぐに、にわとりの鳴き声とともに朝が来た。契約が終わるまでの辛抱だと自分に言い聞かせた。そのときになれば自分の時間がもてるし、自分自身のために同じように、いやもっと一所懸命になって働けると思った。

三年の契約を終えたので、スエナガ一家は稲作をするためにコオオラウに移った。米を作る様子は、はた目には描かれた絵のように美しいが、骨の折れる仕事である。ある夜のこと、苗が強く丈夫に育って喜んでいた矢先に、びゅうびゅうという音が聞こえた。急いで外へ出てみると、育てた苗を、突然の嵐による鉄砲水が押し流していくところだった。堤防に生えていた木々さえ流されていた。

スエナガ一家は、次はカリヒワイという町で小さい店を開いたが、客の中には決められた期限内に支払えなかったり、全然支払わないものもあったりして、商売は失敗に終わった。仕方なく、今度はハナレイ谷に移り、また稲作を始めた。トラノスケが日本にあったような水車を作ったので、以前より楽に暮らせるようになった。

サカは、自分が姑におこられないように何度も内緒で綿を紡いでくれた日本の祖母のことを、決して忘れなかった。余裕があるときは、いつでも祖母に二、三ドルずつ送金していた。後でわかったことだが、祖母はその金を使わずにもっていて、親戚や友達に「どんなに遠く離れていても、孫はわたしのことを忘れずにいてくれる」と自慢して見せたそうである。

6　スエナガ・ウメ

スエナガ一家がハナレイに住んでいたとき、娘のウメは荷船でハナレイ川を渡らなければならなかった。車も、スクールバスもなく、交通手段に使える馬さえほとんどない状態だった。ウメは通学に馬を使ったが、成長すると、両親は英語と日本語の学校に行かせるために、ホノルルのキム

上　天長節（1896年）。一番背の高い女の子がスエナガ・ウメ、その左隣がワキタ・センタロウ　　下　耕地に運ばれる移民たち。中央右の帽子をかぶった背広姿の男性がヤマダ・マンキチ

ラ・サイジの家に下宿させた。ウメはそのときすでに、日本語ばかりでなく英語とハワイ語がいくらか話せた。

ウメは十六歳でヤマダ・ジョージ・マンキチ〔山田萬吉〕と結婚した。マンキチは一八八五年二月八日に、第一回官約移民船シティ・オブ・トウキョウ号でハワイへ来たときは四歳だった。彼は当時エマ街にあったホノルル・ハイスクールに通ったが、ここは現在のセントラル・インターミディエイト・スクールがある場所で、昔はハワイ王族のルース王女の屋敷のあったところである。ヤマダ・マンキチは裁判所の通訳として雇われたが、後に請負師に変わり、リリハ地区に家を数多く建築した。ここには今日でもヤマダの名前のついた通りがあるが、これはおそらくハワイで唯一の日本人の名のついた通りだろう。

一九二六年にウメは夫を亡くし、六人の子供を養っていかねばならなくなった。自分の経済状態をよく調べた上で、リリハ地区の土地を処分する決心をし、その金でマッキンレー・ハイスクールに近いマキキ地区に広い土地を購入して家を建てた。夫がホノルル・ハイスクールを卒業したので、子供たちにも前身がホノルル・ハイスクールだったマッキンレー・ハイスクールに通わせたかった。富豪サミュエル・デーモンの屋敷のように、ウメの家の床はぴかぴかのオヒア張りであった。

ウメは純粋な日本人に見えて、普段は日本語を話していたが、ハワイの有名は作曲家チャールズ・キングのような友人に会うときは、響きのよいハワイ語で挨拶し、明治元年にハワイに来たフクムラ・トヨキチの息子であるソロモン・ケンのような、日系ハワイ人と話すときは流暢な英語だった。

一九六〇年、ウメは七十七歳のときに米国市民権を取った。試験を英語で受けて試験官たちを驚かせた。「母国語で試験を受けないのですか」とたずねられると、「それなら、忘れかけているけど、ハワイ語でもいい」と答えた。一歳八ヵ月からハワイで育ったウメは、突然たずねられたので、自分を日本から渡ってきた移民ではなく、この島で生まれた、生粋のハワイ人と錯覚してしまったのだった。

7　フクダ・シマ

シティ・オブ・トウキョウ号に奇妙な三人組が乗っていた。夫と妻と子供であるが、変わっていたのは「父」シマヅ・イチジロウが二十五歳、その「妻」オトミが二十歳、そしてその「娘」シマはなんと十九歳だというのだ。夫婦者は子供を二人までハワイに連れてくることができた。シマはハワイに来たかったが、父はハワイに来ること、まして労働者となることなどは夢にも考えていなかった。そこで、兄のイチジロウに頼んで「養女」にしてもらったのである。移民官は九百四十四人の移民の手続きに多忙で、シマとその「父」の年齢に気づかなかったのか、あるいは見逃したのかのどちらかだろう。

イチジロウとシマは薩摩藩一族の殿様、島津三郎の孫だが、徳川幕府が倒れたとき、藩内には強硬な鎖国派と開国派があり、日本にいれば危険であると思った。そこで一族は結束してひそかに藩

マウイ島のハレアカラ休火山

を抜け出し、国内でも政治的な争いのない地域に落ち着いたが、教師、僧侶、医者、産婆、農民、職人、その他一つの自給自足ができる社会に必要な技能と知識をそなえた者たちも一緒だった。島津三郎の一団は、山口の食料の乏しい大島に移り住んだ。

一八八五年の第一回官約移民労働者の多くは山口県から集められたので、若いイチジロウとその妻も志願し、妹のシマも二人についてハワイへの十三日間の航海に出たのである。ハワイ移民局の乗船者名簿には、シマヅは「Shimatsu Icigiro」と記されている。イチジロウは妻とともにA・ウンナ・カンパニーと三年の契約を結び、シマはマウイ島ハナ耕地の支配人の子供たちの子守りになった。

同じ年の六月十七日に、ハワイに渡航した最初の日本船、山城丸が二回目の官約移民を乗せてハ

クラ日本語学校の児童（1909年）。右端がフクダ・セイジ、左端は教師のゴミ・タマキ、その右隣がラク・サカ、後列の一番背の高い男の子がエイゾウ・サカ、その左隣がフクダの娘ユキ

ワイに到着した。若い男たちの中にフクダ・セイジ［福田清次］がいた。彼は選ばれて、ホノルルの富豪デーモン家で働くことになった。一八九四年にリバー街教会、現在のハリス・ユナイテッド・メソジスト教会で洗礼を受けている。デーモン家で働いているときに、ホノルルに出て有力者のピーター・クッシュマン・ジョーンズの家で働いていたシマズ・シマと出会い、結婚してマウイ島ハレアカラの丘陵にあるクラに移った。

クラでセイジは、耕地支配人のヘンリー・ボールドウィンのところで働いた。ボールドウィンはセイジとシマをしばしば訪れ、広大な耕地を視察する間セイジの建てた離れの「客間」に泊り、シマの作った料理を楽しんでいた。

娘のユキが五歳になったとき、フクダ・セイジはクラに日本人学校を建てた。公立学校はかなり離れたところにあったので、自分の学校の教師を「輸入」した。これがゴミ・タマキ［五味環］で、フクダと同じクリスチャンだった。たった一部屋の小さな校舎で、ラク・サカ（モリモト・ラク）の兄のエイゾウ［栄蔵］が中国人の女の子一人とポルトガル人の男の子二人を含む年少組の世話を手伝った。

ゴミ先生は、聖書を一インチ四方の紙に書き写してペンダントの中に入れ、鎖につけて首から掛けていた。後に彼が失明すると、手書きの聖書を極端に細かい字で書いたためだと人々は言った。

海はマウイにとって生命線だといって、ボールドウィンはフクダに島東部の海岸、ケアナエとハナの中間あたりにあるナヒクに店を開くようにすすめ、フクダはそれに従った。娘のユキは現在九十一歳だが、耕地で働く人々が、パイア、パウエラ、ハナなどいたるところから、父の店へ馬車で買物にやってきた当時の様子を誇らしげに語っている。ホノルルに注文した品物の入ったボール箱が船で着くと、大型の船から小型の船に移されて岸まで漕いで運ばれ、荷を開けて、それから日本人農夫の馬の背に積まれるをユキは眺めたものだった。

ユキの他に、セイジには三人の子供がいた。ミニー・エモト、エバ・ウォング、息子のアルバート・フクダである。

この当時は、熟れたパパイアはたいていぶたの餌にしていた。フクダの家の子供がパパイアを食べると、ハワイ人の子供は「あんなぶたの餌」と言ったが、おいしそうに食べているのを見て、自分たちも食べるようになった。

8　フクダ・ユキ

小さい子供たちは、ナヒクの公立学校にラード油の空缶を弁当箱にして通っていた。学校に食堂のなかった時代である。母がきれいな小さなバスケットを買ってきて、ユキの弁当包をその中に入れてもたせた。二、三日すると、ユキは自分だけが「違った」扱いを受けていると感じたのだろう、弁当をバスケットに入れていくのを拒んで、ラード缶がいいと言い張った。母がバスケットのほうがどんなにきれいかを言ってきかせても聞かなかったので、とうとうまた他の田舎の子たちと同じラード缶をもたせた。太平洋の真ん中にある人口のまばらな島の孤立した耕地の町にも、仲間の圧力、みんなと同じようでありたいという願いは、はっきり存在していたのである。

フクダ・セイジの店には、通信販売会社のモンゴメリ・ウォードのカタログがあった。何千もある商品見本の写真の中から、幼いユキはハイヒールが欲しかった。何度もカタログを見に店にやってきては、ハイヒールの写真のあるページを開いた。とうとう公立学校の先生で、フクダの店にあった郵便局の局長を臨時に務めるレモン氏が一足注文して、ユキにプレゼントしてくれた。もちろん六歳のユキには大きすぎたが、それを履いて、よく子供が母親の靴を履いてするように、店や家の中を気取って歩き回った。

八十五年たった今でも、いたずらをすると、なぜかいつも父が「公道へ行ってこい」と言ったのを、ユキは覚えている。父はユキや妹をぶったり、大声を上げて叱ったりはしなかった。ただ「公道へ行ってこい」とだけきつく言った。その道は家からかなり離れていたので、多分そのあいだに父は忍耐をとり戻し、ユキは自分のいたずらを反省することができたのだろう。

ある日、いつでも公道へ行かされるのがいやになって、ユキは家族が迎えにくるまで戻らない決心をした。ユキが噛んでいたガムを弟のセイイチの頭にこすりつけたので、母は弟の髪を頭皮すれすれまで短く切らなければならず、後にぽつんと禿げができた。それで、ユキは「公道へ行ってこい」と言われたのである。

途中まで歩いて、お気に入りのオヒアの木に登って、その赤いりんごのような実をかじりながら、弟がユキのまだ噛んでないガムを盗ったのだから、自分には当然、噛んだガムを弟の頭にこすりつける権利があるのだと考えていた。

とうとう辺りは暗くなった。母が「どこへ行ってしまったんだろう。迷子になったのかもしれない……」と言っているのが聞こえたので、「お母さん、ここだよ」と叫びたかったが、父が何と言うか、何をするかこわかった。

近所の人が通りかかって、一緒に探しはじめたので、ユキは急いで木から下りた。ぶたれたのか、抱き締められたのかは覚えていない。「おてんばだったに違いありません」と、ユキは八十五年前を笑いながら振り返る。

ユキが大きくなって、全寮制のマウナオル・セミナリーの生徒だったとき、精霊とハワイの妖精メネフネを知るようになった。母はときどき、クラの家の下のサボテンの野原を首のない馬が歩いているのを見たものだった。ある日、妹のエバが、メネフネらしいものがいるから見にくるようにと呼んだ。この目に見えない小人たちは、夜現れて石塀を修理するばかりでなく、庭の草取りもしてくれた。ときには、ただ行進しているだけのこともあった。それがメネフネでも、風のある月夜の影法師でも、どちらでもかまわなかった。ユキの家族は精霊を恐れなかった。

ある夜、マウナオル・セミナリーで、ユキと寮の仲間が寝ている下の部屋で家具が動いて壁にぶつかる音がして目が覚めた。その部屋は機織りの教室で、いつもは家具は置いていないので、ユキたちは修道女《シスター》の先生たちがいったい下で何をしているのだろうと不思議がった。すると驚いたことに、修道女たちが階段を駆け上がってきて、どうして夜中に家具を動かすのかとみんなにたずねたのだ。しかし、生徒たちがみんな眠っていたので、修道女たちはそっと下へおりていった。その夜は音は止んだが、その後もときどき音は聞こえた。

「あの頃は、みんながハワイのお化けや精霊には平気でした。何もしないし、危害を加えないのだから」とユキは説明する。

ときには青い火の玉があちこちに飛び交ったが、特に古い魚や魚の骨を捨てたり、埋めたりした場所の近くではそんなことが多かった。

「あれはだれかの人魂だよ」と年寄りは言った。「違うよ、あれは骨から出るただの燐さ」と若い者は言った。

ある霧の夜、家族が寝る前にしばらくポーチに座っていると、下の畑のオレンジの木を黄色い玉がふわふわと登っていった。木の上にしばらく止まっていてから、地面すれすれまで下りてきて、泥道につづく茂みの中へふらふらと消えていった。次の夜も、黄色い玉は現れた。三日目の夜になると、家族の中で勇気のある者がこの火の玉をもっと近くで見ようと茂みの中に隠れていた。この玉が現れたのは確かだが、それは霧におおわれた闇夜に、オレンジを盗みにきた若者が手にした灯油ランプの火だった。

「本当に精霊がいたのか、それともハワイ人の家族から聞いていたので、精霊や、ハワイ人の行進や、首のない馬を見たと思ったのか、わたしにはわかりません。ただ、今はもう信じていないけど、昔は信じていたんです。みんな一緒に暮らしていたのです」と、九十一歳のユキは説明する。

セイジの一人息子のセイイチは、後にヒラシマ・ヒサヨと結婚した。ヒサヨの父、ヒラシマ・カンスケは、明治元年にサイオト号でハワイへ来た十三歳の嫌われ者で、「マムシの市」とあだなされていた、後に料理学校を開いたイシムラ・イチゴロウに料理を習った。ヒラシマはハワイ島コナのクヒオ・カラニアニオレ王子の料理人となった。孫のロバート・フクダは、母方の祖父がクヒオ王子から賜った杖を誇りにしている。

カンスケの妻は小藩であるが、立花藩の大名の侍女をしていた。この立花藩の殿様も、藩同士の戦いは禁じられていたにもかかわらず、依然として小競り合いが起きている間は目立たないように

カワイアハオ・セミナリーの卒業生。前列左から二人目がヒサヨ・ヒラシマ

しているのが得策と考えていた。カンスケはハワイへ移民し、娘のヒサヨはカワイアハオ・セミナリーと師範学校のテリトリアル・ノーマル・スクールで教育を受けた。後にヒサヨはフクダ・セイイチと結婚したが、息子のロバートは家宝として、今日の福岡県の柳川にあった立花藩由来の銅鏡二面と、べっ甲の櫛と長いかんざしを大事にしている。ヒサヨは教師になり、第二次世界大戦前の日本人婦人会で活躍した。

ユキの娘ヘレン・マサコは、最近引退するまでマエマエ小学校の教師をしていた。夫はラリー・ショウイチ・カワムラで、ラリーの父親は、三十六年間アメリカン・ファクターズ会社のシャーマン氏の右腕として働いた。ラリーの父は、フクダ・セイジが店を出していた当時のホノルル市営市場へ、シャーマン夫人をよく馬車で案内した。フクダの店では、ワヒアワの農場でとれた新鮮ないちごや、ゆりの花やピーナッツを売っていたが、シャーマン夫人はその店のお得意だった。後にそれが縁で、息子のラリーはフクダの孫娘のヘレン・マサコと結婚することになった。フクダ・シマとヒラシマ・ヒサヨの家族は殿様の家系であることを常に意識し、自分たちの職業がどれほど卑しくても、誇りと威厳を失わなかった。サミー・アマルは『ホノルル・アドバタイザー』紙で、当時八十二歳のフクダ・ヒサヨのことを次のように述べている。

フクダ夫人は過去の思い出だけに生きているのではない。身近に起こっている事柄に旺盛な興味を示しながら、一刻一刻を大切に生きている。人生を楽しみ、現在を愛している。昨日の苦労は覚えている。しかし、その苦労を恨むのではなく、苦労の日々を生き抜き、乗り越えられたことを喜びとして思い出すのである。この優美な夫人こそハワイそのものである。

優雅さは地位や富あるいは貧しさによって得られたものではない。一九〇〇年以前のハワイのようなこの未開の土地でも、美しさというものは、その人の行いとか、人と人との結びつきの中にあるという認識によって得られたものである。それは他人の子供を自分の子供と一緒に教育することであり、ハワイ人と、そして「迷信」だと決めつけないで、彼らの神々や精霊たちと仲良く暮らすことだった。またそれは、日本では男が料理をすることはほとんどないが、男でも料理上手になることであった。客が喜ぶ大粒の美味しいいちごを育てることであり、新しい土地の新しい宗教にふさわしい香り高い復活祭のゆりの花を栽培することだった。美しい行いこそハワイのすべてだった。

長年日本人労働者のハワイ移民を奨励してきたカラカウア王は満足だった。ハワイは日本人移民によって人口の回復をはかったが、その象徴ともいえるリリアの誕生を王は喜んだ。日本人移民を満載した船が次々に入港し、波止場から検疫所へ、そして耕地へと移動していくのを眺めて王は幸せだった。外国人のもたらした病気による死亡率も下がり王はほっとした。しかし、王の国土は外国の実業家たちに奪われつつあり、権力の正当性が問われていることを王は自覚していた。「陽気な王様」として知られていたが、その心の中にどんなに苦しみがあったかは王以外に知る人はいない。

カラカウア王は夢が実現してうれしかった。最初は三年の労働契約の下で、次には志願移民法の下で、そして最後は子供と妻と写真花嫁以外は移住が許されなかった制限移民法の下で、ますます多くの日本人がハワイに住み着くようになり、一時は全人口のほぼ四十パーセントを占めるまでになった。一九五〇年には日本人の人口は十八万四千五百九十八人に達したが、これは一八八四年当時のハワイの全人口のなんと二倍以上にあたる数である。

第四章　日本人社会とキリスト教会

1　砂糖きび耕地

一八八五年の最初の官約移民船で入植した日本人労働者には、争議が起きた場合、仲介に入ったり、雇用主に要求を伝えるために、英語を話す通訳がつくという約束が、官約移民の契約をしたときになされていた。移民に同行し、ハワイ政府の日本人移住民局の長になることになっていた中山譲治は、移民労働者が月給九ドルと必要最低限度の月額六ドルの手当てなのにくらべ、百ドルの月給を受けることになっていた。

耕地に入った移民は、現場監督のルナや耕地支配人と意志が通じ合えるほどには英語を早く覚えることができず、自分たちの意見や不満を支配人や、中山移民監督官にもち込むのは無理なことだと気づいていた。約束した時間より長く働かされるときには、病人は仮病と疑われて寝床から引きずり出されたし、馬に乗ったルナが頭上で鞭を鳴らしたり、堅いブーツで蹴っとばしたりしたため、日本人労働者たちの怒りは大きかった。

シティ・オブ・トウキョウ号から妻のチカと二人の息子を連れて降り立った一人に、飾り職人のサカ・ショウヒチ［坂庄七］がいた。ホノルルで仕事を探したかったが、カウアイ島ケカハのフェイ・アンド・メイヤー牧場に送られた。娘のクラはカウアイ島で生まれた。

耕地キャンプで暮らす家族は、山口、神奈川、広島、岡山とそれぞれ異なる地方の出身であり、方言に違いはあったが、同じ日本人どうしなので、すぐ親しくなった。男たちは半時間の短い昼休みや日曜日に、自分たちの問題とか、心配ごととか、生活状態について話し合っていたが、契約違反には我慢できないということになり、中山移民監督官に契約違反について詳細な手紙を書くことにした。移民の一人一人の給料の中から、移民保護の名目で少額ずつ移民監督のための費用が差し引かれていたので、移民監督は移民に代わって、彼らの要求を耕地支配人に通訳する義務があった。

中山移民監督官に手紙を出したが、待てども、待てども返事がなかった。手紙を受け取ったという知らせも、やってくるという返事もなかった。ふたたび手紙を出してみたが、やはり返事はなかった。

ついに移民たちは、領事の中村治郎に手紙を書き、それから誰かをホノルルに送り、領事と直接会って話し、援助してもらえるかどうか確かめてみることにした。とにかく、領事は日本の天皇の代理であるし、日本政府は移民を送り出すにあたって、天皇の民の健康と安全が保障されることを強く要望していた。この条件が満たされなければ、ハワイへの労働移民は許可されなかったはずである。

しかし、誰が領事に会いに行くのか。一日仕事を休めば、六ドルの罰金をとられる。それは一ヵ月の給料にほぼ等しい。誰にそんな大金を失う余裕があるというのか。それに、耕地のトラブル・メーカーとして後ろ指をさされるようになるかもしれない。

サカ・ショウヒチが選ばれたのは、契約違反の事実とみんなが余儀なくされている生活状態を一番よく説明できるだろうと考えられたからだった。サカは行くことは恐れなかったが、乳飲み子と二人の息子があり、とても一ヵ月の給料をむだにできない。

結局、妻のチカが代わりに行くことになった。乳飲み子のクラの世話は赤ん坊のある女がしてくれることになった。二人の息子は、もう手がかからなかった。チカは領事に手紙を書き、また二十年前にハワイに来て成功している「元年者」のオザワ・キンタロウにも手紙を書いた。オザワと妻のトミは、自分たちがハワイに着いたときに、ホノルルの埠頭や移民局まで出迎え、新しく着いた人々にできるだけの世話をしてくれた。移民たちはそのとき、ハワイは本当にチャンスのつかめる地と確信した。それは、あのオザワ一家を見ればわかる、あの人たちは見知らぬ土地での灯台なのだと思った。

チカは領事の前で話すことばを頭の中で繰り返し、また口に出して何百回と練習した。何度も移民キャンプの人々に向かって練習し、ことばの選び方や、声の調子や、物腰や、着ていくものについても助言を受けた。

後年、チカは二人の娘のクラとラクに、耕地キャンプのみんなが五セント、十セントと集めて手に入れた切符を手に、使命を帯びて耕地のキャンプを後にしたときの気持を、何度も詳しく話して聞かせ、大きな影響を与えた。

最初のうちは、ついに有力な人物、日本の天皇から任命され、間違いを正し、正義を行う人の耳に届くという希望でチカは勝ち誇った気分だった。領事館の白い建物に着いたときには、チカは深い尊敬と畏敬の念さえ感じた。チカは白足袋に細い麦わらで編んだ草履をはいていた。砂糖きび畑の草取りや狭い野菜畑の土仕事で汚れた爪をきれいに洗い、虫干しを欠かさず、行李にしまっておいた樟脳の匂いのする上等の着物と帯を身につけていた。

一日目は朝から夜まで辛抱強く待ちつづけた。何と領事は忙しい人なのかとチカは思った。二日目も一日目の繰り返しで、三日目も同じだった。最初の日は、もってきた握り飯と漬物があったので、領事館の玄関の階段に座って、昼飯に食べた。二日目は、同じ村から来た「ところの者」が弁当をもってきてくれた。三日目には、ホノルルで働いている日本人女性が食事と宿を提供してくれた。

チカは夫のこと、二人の息子のこと、残してきた赤ん坊はどうしているだろうかと考えたが、自分が領事に伝える要求は、赤ん坊や子供たちをも含めて、耕地キャンプのみんなの生活にかかわることである。チカは、自分の夫や子供の一時的な難儀よりも重大なことだと思うことにした。たちまち、狭い日本人社会に、この我慢強い女性のこと、その犠牲の精神のうわさが広まった。

日本領事館（1885年頃）

そのためか、ついに中村領事が姿を見せ、チカに会った。領事は、契約違反を正してほしいというチカの要求を聞くと、どうして指示されていた通りに移民監督官の中山譲治に連絡しなかったのかとたずねた。「連絡したのです。二度も。でも、返事をもらえませんでした」とチカは答えた。

領事がチカに同行し、耕地支配人と話すことになった。チカはたいへん喜んで、何度も領事に礼を述べた。一生のうちの最良の瞬間だった。女の自分が、天皇と日本政府の代表と会って、その使命を果たしたのである。

カウアイ島の耕地キャンプの喜びは大変なものだった。領事がやってくるのだ。まるで天皇の行幸を迎えるかのような一大事だった。領事が来て、日本の国民が正当な扱いを受けるようにしてくれるのである。耕地キャンプの人々の望んだのは、ただ威圧的で横柄なルナから正当な扱いを受けることと、耕地支配人が英語のできるだれかの説明を聞いて、移民の立場を知ってもらう機会をもつことだけだった。

日本の領事はカウアイ島へ一等船客としてやってきた。耕地支配人の出迎えを受け、キャンプへ馬車で案内された。領事はみんなの不満を聞いた後、次のようなことを言った。「ハワイへは自分たちの意志で働きにきたのではないか。現在、働いて、いい給料をもらっている。住いはただで、水も薪ももらえ、医療も受けられる。自分たちの野菜を作る土地さえあるではないか。なぜ不平を言うのか。耕地支配人が要求しているのは、誠実な一日の労働だけなのだ」

移民たちは、期待外れが多きすぎて、ただ唖然として自分たちの考えが言えなかった。この経験から、チカは娘のクラとラクに、英語をしっかり学んで、年寄りや、英語の話せない移民たちが待遇改善を求めて苦労しているのを助けなければならないと、何度も言い聞かせたものである。

三年間の契約が終わりに近づくと、男たちは「条約きれたらキナウに乗って、行こうかマウイのスプレクルスビル」と歌い出した。スプレクルスビルは一種の合言葉で、魔法のような魅力のある場所だった。キナウとは島通いの連絡船のことである。マウイ島のスプレクルスビル耕地では、支配人もルナも親切だというわさだった。夢は日本に帰ることではなく、スプレクルスビル耕地で働くことだった。

この時期になると、移民の多くは英語が何とか話せるようになっていたので、耕地支配人は契約が満期になってもそのまま残るようにすすめた。新しく入ってくる労働者も、結局また新しい問題を起こすからである。しかし、日本人労働者たちは、中村領事が来訪したときの絶望感を忘れることができなかった。中村領事が日本へ呼び戻されて、安藤太郎という人が後任として来ることを知ると、誰もがうなずき合った。政府が安藤総領事のために、新しく大きな領事館を建てたことも知った。安藤総領事に会ったものたちは、この役人に尊敬の念を抱いた。

サカ一家はマウイ島のスプレクルスビル耕地に移って、三年の労働契約が終わると、クラに移り自作農になった。ハレアカラの山腹で一番近い公立学校といっても、草地を通り、谷を越えて、二時間半も歩かなければならなかったので、ラクは九歳か十歳まで英語の学校へは通わなかった。それでも、教室が一つという小さい日本語学校があった。これは、一八九五年にフクダという人が自分の娘に日本語を習わすために建てたもので、クワバラ・ヒデオ［桑原秀雄］という人がハワイ島のコハラから教師として雇われていたが、同じ山地に住むよその子供たちもこの学校に来ることができた。たった一つしかない学校だったので、日本人

サカの家族。左から、ラク、ショウヒチ、チカ、クラ、エイゾウ

の子供に混じって、ポルトガル人の子供の姿も見られた。

上の娘のクラがホノルルへ働きに出ると、ラクもすぐその後に続き、一九〇四年にサカ夫婦もマウイ島を離れた。サカ・ショウヒチは腕に覚えのある仕事に戻り、ホノルルのアウアヒ街の銅細工の店で働くことができた。

2 スザンナ・ウェスレー・ホーム

ホノルルに移ったクラとラクは、スザンナ・ウェスレー・ホームに住みながら、そこでパートタイマーとして働いた。このホームは、一八九九年に全米メソジスト女性ホーム伝道協会によって設立されたものである。一九〇三年には、L・ブロイス女史が二人の孤児の面倒をみるために小さな家を借りたが、ホームはだんだん親が昼間耕地で働く子供たちを収容するようになった。ここはまた、女性の駆け込み寺でもあった。十八歳の写真花嫁が、朝の四時頃、辛抱強く静かに扉を叩き続け、二、三日泊めてもらいたいと懇願したときのことをラクは覚えている。この女性は夫から逃げてきたのだった。

ホーム付属のメソジスト教会がリバー街にでき、一八八八年七月十五日には十一人が洗礼を受けた。最初の官約移民がハワイに来てから、わずか三年しかたっていなかった。一八八七年三月に、サンフランシスコから意気軒昂のミヤマ・カンイチ［美山貫一］牧師が、移民労働者に伝道するためにハワイへやってきた。ミヤマ牧師の伝道は大成功を収め、後にリバー教会の大黒柱となった、カワサキ・キヨゾウ［川崎喜代蔵］、ニシ・シロウ［西四郎］、ヤスモリ・サスケ［安森佐助］の三人ばかりでなく、総領事の安藤太郎夫妻や領事館員にも洗礼を授けた。

初めの頃、牧師たちは日曜日に説教を行っていたが、やがて日曜の夜に街頭に立って讃美歌を歌い、祈るようになった。これは「野外伝道」と呼ばれ、主にマウナケア街とベレタニア街の角で、教会員たちが提灯をもち、太鼓をたたいて讃美歌を歌った。このあたりは売春婦が立つ場所に近かった。

スザンナ・ウェスレー・ホーム（1903年）。赤ん坊を抱いた女性が「結婚坊主」モトカワ牧師の妻ユリ、その右上がクラ・サカ、左端がブロイス女史

牧師や教会員はオアフ刑務所を訪れ、獄中の日本人の囚人を改悔させ、礼拝を行った。レアヒ病院ができると、この病院に結核患者を見舞った。ナカムラ・チュウゾウ［中村忠蔵］牧師は、教会員カワサキ・キヨゾウの経営する川崎旅館のベランダで若い人々と世界問題や社会問題を論議するのが常だったが、一度パロロ谷の奥で、月の光の下で祈禱会を催し、多くの人々に深い感銘を与えた。

教会は、日曜学校を子供たちに、金曜聖書クラスを婦人たちに、そして夜の英語クラス

ナカムラ牧師と女性教会員（1908年）。牧師（中央右）の右隣がカワサキ・キヨゾウの妻、後列左から五人目がスズキ・シゲ、牧師の前の男の子がシゲの次男のジロウ

を男たちのために開いた。また、教会は女性のためのホームを後援した。このホームでは、身寄りのない妻たちや、逃げ出してきて行くあてのない妻たちの世話をして、しばらく時間を与えて手に職をつけさせ、売春婦になるのを防いだ。牧師たちは耕地のキャンプを回り、争いごとの仲裁や、読み書きのできない者のために日本への手紙を代筆したり、相談相手になったり、慰めたりした。人々は教会に参加して、教会を新しくできた家や家族と思い、次第に安らぎと友情を見出していった。

キリスト教会には、旧リバー教会も含めて、批判がないわけでもなかった。モトカワ・ゲンノスケ［本川源之助］牧師は、大男で口ひげを生やした親しみやすい人柄であったが、移民局で日本から到着する写真花嫁の集団結婚式をたくさんやっていたから「結婚坊主」というあだ名がついた。

写真花嫁のほとんどは一九〇七年から一九二四年の間にハワイへ来たが、その数は一万四千二百七十六人にもおよんだ。アメリカ本土への写真花嫁の移民は一九二〇年二月に禁止されたが、ハワイへは移民入国禁止法の出た一九二四年まで続いた。

写真花嫁は一九一二年に千二百八十五人、一九一三年に千五百七十二人、一九一四年には千四百七人であった。写真花嫁は日本で「結婚」して、すでに夫の戸籍に入っていたが、夫と一緒になる前に、式をすませねばならなかった。

一九〇五年に、モトカワ牧師は同志とともにリバー教会をやめ、南キング街に新しい教会をつくった。

3　モリモト・ラク

一八九〇年三月三日生まれのラクは、マウイ島からホノルルに移って、スザンナ・ウェスレー・ホームでパートタイムで働き始めた一九〇四年から、リバー教会に通った。一九一一年に二十一歳で、ラクはモリモト・ジツゾウ〔森本實蔵〕と結婚した。モリモトは一八九四年にハワイに来て、一八九九年にキリスト教に改宗したが、契約移民労働者出身の最初の牧師の一人である。

モリモトは、一九〇八年にマウイ島カアナパリの小さな教会の牧師に任命された。ラクは夫について耕地キャンプを訪問し、日曜学校と母親が働いている子供たちのための幼稚園を経営した。八年間に三人の子供ができた。一九一九年にスペイン風邪がハワイの島々で大流行し、何百人も

ラク・サカとモリモト牧師の結婚記念写真

の死者が出た。過労で、疲れ果てたモリモト牧師は、風邪で苦しんでいる同胞の教会員を見舞うと言いはり、自分も風邪に冒されて倒れた。二ヵ月後には、ラクの父親も死んだ。ラクは三人の小さい子供を抱えて、後に残されてしまったのである。

耕地の支配人は、モリモト夫婦が耕地労働者のためにしてきた奉仕に感謝し、ラクのために大きな家を建て、幼稚園が続けられるように給料がもらえるようにしてくれた。ラクは、一九二〇年から一九二五年まで、カアナパリとプウコリイ教会のバイブルウーマンもつとめた。バイブルウーマンとは、教会の女性たちの「母親」になり、病人や年老いた人を訪ね、聖書を一緒に読み、祈禱をすると同時に、日常の雑用をする女性のことである。

ラクは、母親が中山移民監督官と中村領事から受けた屈辱を生涯の教訓とした。ラクがホノルルへ移り、移民局で通訳として働きはじめたとき、一番大切な仕事は聞き取ること、つまりことばや身振り、目や手の動きに含まれた相手の気持を読み取ることであることを思い出した。

4 スズキ・シゲ

移民初期の女性や妻には苦労が絶えなかった。スズキ・シゲもその一人である。シゲは写真花嫁としてではなく、ハワイ伝道会社の招きでハワイへ来た。シゲは日本のフェリス女学院の卒業生だった。一八七三年に生まれ、父が侍であり、学者でもあったので、比較的安楽な生活を送っていたが、こうした境遇に急変が起きた。兄の判事が、あるとき貧しい農民に入牢刑を言い渡さなければならない羽目になった。原告が金持の男で、有能な弁護士を雇うことができたからである。しかし、兄は農民を投獄するかわりに、自分の家にかくまった。これを知った金持の男は復讐を企てた。シゲの父の教え子が、一八九五年の日清戦争で日本の領土となった台湾へ、素速く兄を逃がしてくれた。当時はまだ未開の島の台湾に兄嫁も渡ったが、やむを得ず赤ん坊を叔母のシゲに残していった。そのためにシゲはこの子が十六歳になるまで、蚕糸工場で働きながら、養育しなければならなかった。

ハワイに到着するとすぐ、シゲはリバー教会のバイブルウーマンとなり、スザンナ・ウェスレー・ホームを助けて、日本人慈善病院を見舞ったり、オアフ刑務所に入っている売春婦の話相手になったり、一緒に祈ったりした。

一九〇三年四月十五日、シゲは三十歳で四十四歳のスズキ・マサキチ［鈴木政吉］と結婚した。

スズキ・シゲと夫の造船技師マサキチ

以前スズキは喧嘩好きの大酒飲みだった。一八八五年に、西洋の造船術を学ぶために、大西洋を経由してニューヨークに渡ったが、帰りにサンフランシスコで二年間を過ごした。ある日、酔っ払って路上に横たわっているところを、見知らぬ白人が見つけて自分の家へ連れていってくれた。この白人の家族の愛と親切を通して、彼は初めてキリスト教を知った。一八九五年にホノルルへ来て、リバー街の日本人メソジスト・エピスコパル教会のキハラ［木原外七］牧師の教えを受けた。一八九六年四月十一日に洗礼を受けて教会員になり、七年後にバイブルウーマンのシゲと結婚した。

夫婦には、ちょうど一年後の一九〇四年四月二十五日に、長男のタロウが生まれた。次男の誕生をおよそ一ヵ月前にひかえた一九〇五年七月十七日、スズキは昼の弁当をもって仕事に出かけたが、急に思いついて、その朝サンフランシスコ行きの船に乗り込んでしまった。船は南アメリカの港に寄り、その南端のホーン岬を回った。もし友人の一人が、船に乗って港を離れるスズキを偶然見かけなかったとしたら、妻のシゲは夫に何が起こったのか知るよしもなかっただろう。

「家族をよろしく頼む」と、スズキはその友人に向かって叫んだ。こうして一九〇八年に戻るまで、三年間もハワイを留守にしたのである。この間、妻は夫が生きているのか、死んでいるのかもわからなかった。

次男のジロウは、真夏にカワサキ・キヨゾウのアパートの一棟で生まれた。川崎旅館や川崎キャンプには大勢の下宿人や借家人がいたので、シゲは一歳のタロウや赤ん坊のジロウが泣いて、まわりに迷惑をかけないようにしなければならなかった。一度、赤ん坊がはしかにかかり、むずかって泣くので、夜中に泣かないように、背中におんぶして、タロウの手を引いて人気のない道を子供が疲れ果てるまで歩き続けたこともあった。二人の赤ん坊を抱え、援助もなく、家も親戚もなく、生活はどん底だった。シゲはだれかが助けてくれることを祈った。

ヨシとトキマサ・エイサク牧師

フェリス女学院のクラスメートのトキマサ・ヨシがシゲの苦況を知り、子供をつれて同居するように申し出た。メソジストのトキマサ・エイサク［時政英作］牧師は、一八九九年にカリフォルニアから来てマウイ島で伝道し、そこでリバー教会の牧師たちに出会った。トキマサの妻ヨシは、アダムズ・ホームという託児所をカフク砂糖きび耕地にもっていて、トキマサ牧師も乏しい俸給を補うために耕地で働いていた。カフクでシゲは、ヨシとその娘のグレースと一緒に託児所の子供たちの世話をして、やっとほっと息をつき、誇りを取り戻せた。

三年後、スズキはハワイへ帰ってきた。一九〇九年にはもう一人の子、ミチが生まれた。

スズキは今や腕のいい造船技師となり、船の建造や修理に引く手あまたであった。彼は二本柱のヨール帆船を設計し、ケオキ号と名づけた。自分でモンキーポッドの木を切り、丸太にして乾燥した。のこぎりで製材し、削り、磨き、何千もの部材をきちんと組んで、精巧な船に仕立て上げた。水の漏らないヨール帆船はタヒチへの航海に成功した。スズキは、自分の手で作った船が、遠い南の島へ向かってきらめく大洋を滑るように走るのを、祈るような気持で見守った。森の木が今こそ生き返り、目的地に着くまで、船に乗った人々の命をあずかっている。そして一人の人間、彼スズキが、技術を習得し、細心の注意を払って、生命のないものに生命を与えたのだ。

小学校の教育しか受けず、一言の英語も知らず、経済的援助もなく、乗り込んだ船で働いて船賃を払いながら世界を半周して、スズキは大洋を航海する洋船を設計し建造する技術を学んだのだ。まったく信じがたい所業である。

三年の留守から戻ってからは、スズキは常に家族と一緒にいた。牧師を補佐して教会の支えになったばかりでなく、私財を投じて、教会の建物や信者席を修理した。自分の作った野菜をもって教会員の家庭を訪問し、夜になると一人で辻説法をした。その熱心さと献身、そして他人に示した愛情によって、スズキはハワイの若者の多くを、そして後には日本の若者の多くを、キリスト教へ導いた。

シゲは苦労した。聖書には「主は与え給わん」とある。しかし、夫の留守を守って二人の赤ん坊を育てるのは、耐えられないほどつらかった。

ときどき、スズキは埠頭に立って水平線をじっと見つめることがあった。おそらく心の目は、インディオの街の喧噪、雪をいただいたアンデス、南米最南端にあるティエラ・デル・フエゴの島々、サンフランシスコの丘を登っていく坂道を見ていたのだろう。だが、彼はいつでも夢を海に捨て、野菜畑のほうへ断固として引き返し、年老いた者や寄辺のない者たちがうれしそうに自分を迎えてくれるほうへと歩を進めた。

5　日本人幼年寄宿舎

一八八七年十月にミヤマ・カンイチ牧師が最初の説教をしたところからほんの少し離れたところに、一九〇五年に日本人「幼年寄宿舎」と呼ばれる孤児院が設立された。もともとこの寄宿舎は、一八九六年にヌアヌ組合教会の女性たちが、移民女性に自分の服や子供の服を縫うことを教えるために使ったところだった。その頃、この教会はヌアヌのベレタニア街とククイ街の間にあった。現在このあたりには、巨大なコンドミニアムがそそり立っている。教会の初期の牧師には、オカベ・

ジロウ［岡部次郎］、オクムラ・シンタロウ［奥村禎太郎］、カンダ・ジュウエイ［神田重英］らがいた。何年か後には、オクムラ・タキエ牧師がこの教会で副牧師になった。

教会はスクール街とヌアヌ街の角に移ったが、今ではここもコンドミニアムが大きな古い寄宿舎にとってかわっている。ハワイ伝道会社の援助で、ヌアヌ教会は寄宿舎をつくった。はじめは、ホノルルの学校に通う近くの島やオアフ島の子供たちのための場所だったが、後には孤児院となった。この幼年寄宿舎は、公式には一九〇五年に開設された。

寮母は神戸伝道学校から派遣されたソウ・エイコ［宗えい子］だった。小柄な彼女は無愛想で負けん気が強く、規律には厳しかった。そうしなければならなかったのは、開設から一九二八年までの二十三年間に、寄宿舎は四百二十一人の男の子と女の子を受け入れたが、その中に十一人の孤児と、さらに十一人の片親の子供が含まれていたからである。

最初に寄宿舎に入ってきたのは、母親を亡くした一歳の男の子だった。父親は子供の世話ができないと悟ると、寄宿舎へ助けを求めてやってきた。その次に四歳と六歳の母親のない子が連れてこられた。また、結核で入院していた母親が一年後に死亡した子供たちもいたが、父親は五人の子供を養えず、そのうち一人は死んでしまい、残りの四人を寄宿舎に連れてきた。

別のいくつかの場合も同じようなものだった。両親が死んで行き先のない二人の幼い女の子や、夫が四人の子供を置いて出ていき、食べていくあてがない妻や、妻に先立たれた夫が三人の子供を置き去りにしたこともあった。また、男がかっとなって妻を殺し、監獄へ送られたので、世話をす

日本人幼年寄宿舎（1919年頃）

る者がいない二人の子供もいた。

生まれたばかりの赤ん坊を寄宿舎の外のベンチに置いたまま、名も告げずに去った母親がいた。赤ん坊は薄い毛布にくるまれて、一ドル札が添えられていた。寮母のエイコには、この母親が胸の潰れる思いで赤ん坊を置いていった悲しい心がわかり、わが子を一目見ようと寄宿舎の前を行ったり来たりするのではないかと思った。エイコはその子にモーゼス・タマウ（「天の賜物」）という名をつけ、ぜひ養子にしたいという家族があっても決して手放そうとはしなかった。この男の子は、寮母エイコの生きがいとなった。

エイコは寄宿舎の運営にあたってコックを雇ったが、仕事の大部分は自分一人でこなしていた。寄宿舎では年長者が年少者を助けた。一九一六年にハワイに来たヒロタ・トクタロウは数年間ここに住み、二十歳でイオラニ・スクールの一年に入学した。寄宿舎のパートタイムとして働きながら学業を続け、英語の上達につとめた。

「当時は洗濯機などなく、洗濯板があっただけです」と、ヒロタ・ハマコは思い出を語る。「質素な生活だったけど、クリスマスとか誕生日には、伝道会社がいつも忘れずに寮母のソウを通して祝ってくれたし、ヌアヌ教会の婦人たちが寄宿舎に食物やお金を寄付したり、一人一人の子供にプレゼントを用意したりしていました。教会員だろうと、寄宿舎の人だろうと、変わりはありませんでした。教会と寄宿舎は家族同然で、仲良く一緒に過ごし、ときには喧嘩もしたけど、わたしたちは切っても切れない関係で、一九二〇年以来六十五年も、わたしはヌアヌ教会の会員ですよ」

6　オクムラ・タキエ

ホノルルの町の反対側、マキキと呼ばれる区域に、もう一人の改革的な牧師がいたが、彼はリバー教会のミヤマ・カンイチ牧師と同じように献身的だった。オクムラ・タキエ牧師である。彼はヌアヌ組合教会の活動を補佐するために、一八九四年七月二十九日に蒸気船ベルディック号に乗ってハワイへ来た。士族の出身で、高等教育を受けていた。

検疫所での一週間の生活から解放されたその日、友人と夜のホノルルの街を歩いて見物していると、パウアヒ街とヌアヌ街の角でハワイ王朝のムームー、白いホーロクを着た美しい日本女性の一団を見かけた。この女性たちが売春婦だと友人から聞いて調べてみるうちに、オクムラは「売春婦の数は二百に近く、これに付随するゴロツキ嬪夫三百」がハワイで商売していることを知った。嬪夫たちは仲間同士で、日の出倶楽部、義侠倶楽部、一心倶楽部などという三つの団体を組織し、勢力を張っていた。彼らは『日の出』新聞という機関紙を発行し、売春宿と同時に賭博場を経営し、日本人商人から金銭を巻き上げていた。縮緬の帯をしめたゆかた姿で、長い鎖に金時計をぶらさげ、犬が自分の縄張りを嗅ぎまわるように、街の一画を威張って歩いていた。

一八九六年のハワイ国勢調査によると、十五歳以上の女性四千六十四人のうち、未婚の女性は八百三十八人と報告されている。国勢調査書には、「未婚女性のうちのかなりの数が、不道徳な生活を送っていると考えて間違いない」と書いている。

一八九八年には、売春婦の数が、ハワイ人二十六人、フランス人五人、イギリス人二人、アメリカ人一人、日本人百十五人だったが、翌年には日本人売春婦が二百二十六人に増えた。女たちは自分の職業を隠そうとせず、一九〇〇年の国勢調査では、「チオ、二十二歳、日本人、売春婦」、「チノ、二十四歳、売春婦」、「カン、二十三歳、売春婦」などと書いている。この女たちは、全員がヨシワラという三十四歳の日本人男性のところに「間借り」していた。また、ヨコヤマという四十二歳の男性は、トシエ十九歳、フキ十九歳、サキ十八歳の売春婦を置いていた。

一九〇〇年まで、売春婦の仕事場は、だいたいパウアヒ街、リバー街、ヌアヌ街あたりのチャイナタウンに限られていた。女たちは警察に登録され、法律により定期検診を義務づけられていた。屋根の低い、納屋のような店の四畳ほどの小さな部屋で、たいてい夜の七時から真夜中の十二時まで客をとった。通りに面して小さなガラス窓があり、客は薄暗いランプのそばに座っている女たちの品定めができるようになっていた。

一八九九年当時、男性の耕地労働者は週六十時間働いて、一ヵ月に十五ドル稼いでいた。売春婦は夜五時間働いて、一晩に二十ドル稼いだ。オクムラ・タキエ牧師が売春婦に堅気の生活に戻るようにすすめると、女は「日本へ月々二百ドル送金できるのに、なぜ」と言ったのは当然である。こうした女たちの稼ぎを当てにして、男たちは、夫が日本に帰国して後に残される若い女たちをいつでも物色していた。夫のなかには、妻がいつか日本に帰るときの船賃五十ドルを銀行に残しておくために、妻を売りたがる者もいた。日本に帰れば、夫たちはまた若い女を妻にできた。

一九〇〇年のチャイナタウンの火事で売春婦たちの根城はことごとく焼き払われたために、ペストの危険が去ると、売春婦たちは別の場所へ移らねばならなかった。一九〇四年には、移転先のイウイレイ地区に二百三軒の「醜窟」があったと記録に残っている。オクムラ牧師とホノルルの新聞が運動を起こして、売春宿を撲滅しようとしたが、一人が改心してやめると、また一人がなるという状態だった。モラルを説くオクムラにとって、これは終わりのない危険な戦いだった。

約一年半必死に戦ってみて、日本人の間にみられる無頼と風紀の乱れは、つまりは出稼ぎ根性と極端に女性が不足していることが原因であると、オクムラは痛切に感じた。これを解決するには、ハワイに永住し、家庭を営むことを奨励するのが一番であるとオクムラは考えた。そうでなければ、どんな社会活動も、伝道活動も成功しないと確信した。この確信を実行に移すために、オクムラは

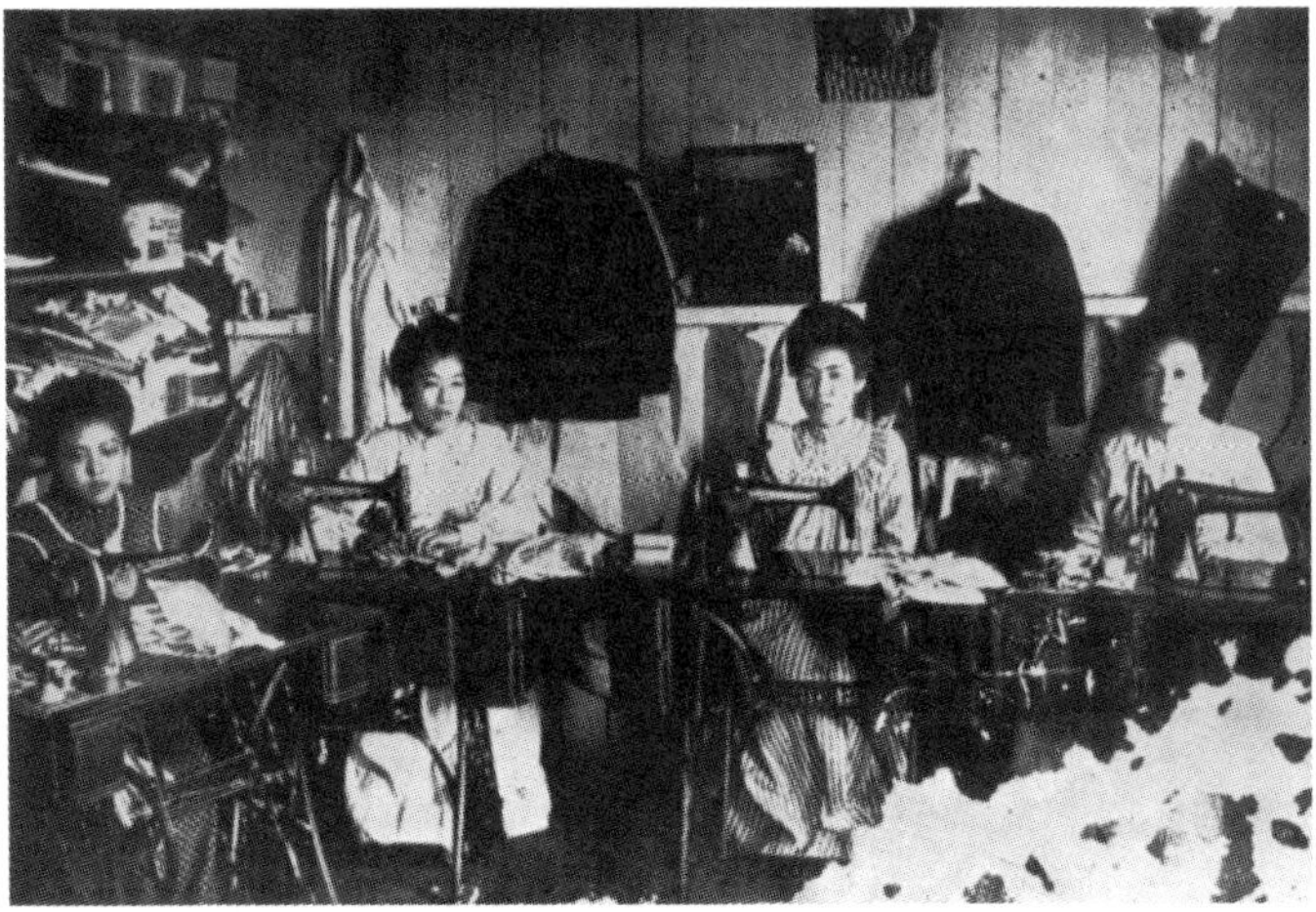

裁縫で生活する日本人女性

ハワイ伝道会社の資金援助で日本へ帰り、妻のカツ［勝］とウメタロウ［梅太郎］、ハルキ［春樹］、ナオキ［尚樹］の三人の息子を連れてきた。その後、みんなに家族とともにハワイで暮らすことを奨励すると、男が単身でハワイに来て金を儲けて日本の妻と子供のもとへ帰るという考え方から、家族でハワイに定着し永住するという考え方に変わっていった。

しかし、売春で稼いでいたのは、ほんのわずかな数の女性たちだった。女たちの多くは、五十人から六十人ぐらいの男たちの賄いをして一ヵ月に五ドル稼いでいた。また、耕地で働くかわりに、男たちの洗濯物や、アイロンがけをしたり、繕い物をしたりする女たちもいた。さらに、産婆をしたり、にわとりを飼ったり、野菜を作ったり、豆腐、こんにゃく、油揚げなどの日本の食物を作るものもいた。

マキキ聖城教会

多民族、多文化、そして伝統がまだ日本のように権威をもっていないこの楽天的な島へ、オクムラはやってきたのである。彼は理想主義者で、熱心で、真剣だった。最初はヌアヌ組合教会で副牧師だったが、ハワイに来てから十年目に、自分の教会を設立した。一九〇四年の四月に、キナウ街の小さな掘っ建て小屋で、オクムラは二十三人の教会員に向かって説教を開始した。一年も経たないうちに、七十二人用の席のある向かいの建物を借りなければならなくなった。一九〇五年九月には、教会は四百人用の信者席が必要になり、ついに一九三二年に九千二百六十平方メートル（約二千八百坪）の土地を購入して、日本の城を型どった三十メートルの塔のある教会を建てた。

オクムラ牧師は、日本人移民に英語を学ぶことをすすめて、彼らが夜間英語を勉強できるようにしただけではなく、日本語学校も開設し、ハワイ生まれの日本人児童が日本語を学べるようにした。さらに、最初は男子のための、次に女子のためのホームを建てた。家庭内の仕事を分担するために、自分はキリスト教の牧師としての務めに専心し、妻が財政をきりもりをすることにした。

ホノルルのアラパイ街にあったオクムラ男子寮

7　オクムラ・カツ

オクムラ・タキエの妻カツ（旧姓オガワ）は、明治元年生まれである。ちょうどオザワ・トミが、ハワイで最初の日本人の母として、ハワイの生活に苦労してとけこもうとしていた頃である。裕福な米屋の娘だったカツは、小学校を卒業すると、裁縫、茶の湯、生花、琴、三味線などを習った。そして十九歳のとき、二十二歳のオクムラに嫁いだ。

一八九六年に、オクムラがハワイに永住するために家族を連れにきたとき、妻のカツは夫が生涯の仕事を見つけたことも、ハワイの社会に足跡を残すようになろうことも、思いもおよばなかった。

カツは十三人の子を生んだ。「いつもお

腹が大きかったようだけど、本当によく働いた」と古くからの教会員は言う。小柄だったが、カツはしっかりした意見をもち、三十年あまりの間に、二、三千人もの若者が寄宿舎に入り、出ていったが、彼女は寮ごとに、誰がいつ、どの部屋に寄宿し、誰が毎晩祈りを欠かさなかったか覚えていた。

親たちはオクムラ牧師に子供を預けたがったし、耕地キャンプの孤児を受け入れたりしたので、寄宿舎は自然に大きくなった。子供たちを家へ連れてきて、自分の子供たちと一緒に育てたため、ついに家族はもっと広いところへ引っ越さなければならなくなった。

寮母であるということは、寮に必要な活動のすべてを取り仕切ることだった。それは栄養のある食物を安く、あるいは卸値で仕入れたり、請求書は金額を確かめてから支払うことを意味していた。それはまた、各部屋が清潔で、廊下や庭のような共同の場所に危険がないように見張ったり、ねずみが出ないようにすることをさしていた。そして、それはその月に使う薪を切ってたくわえておくこと、どの生徒にも学校と寄宿舎の日課を果たし、決められた門限までに寮へ戻り、寮生は聖書を読み、日曜礼拝に必ず出席させることなどであった。

これらの仕事をきちんと果たすのが、すなわち寮を管理するということだった。しかし、奥村寄宿舎はキリスト教の施設で、孤児の世話もしなくてはならなかったから、さらに大変だった。牧師の給料の中から、孤児たちの靴や服を買わなければならず、自分の子供のものは二の次だった。子供が熱を出せば徹夜で看病し、問題のある家庭から来て途方に暮れている八歳から十二歳までの子供たちを慰めたりしたが、ときには日本語がよくわからず、日本語と英語とハワイ語をとぎれとぎれにまぜてしか話せないものもいた。しかし、これもおびえた子供たちを寮母になつかせるためではなく、つまらない嫉妬の感情をやわらげて、仲間たちや教会への忠誠心を育てるためだった。寮母には医者、心理学者、教師、牧師、料理人、母親などの役割とともに、子供たちを厳しくしつける役目があった。

女子のための寄宿舎が開かれたとき、マキキ教会のバイブルウーマンのイケダ・スミ［池田すみ子］が寮母に選ばれた。最初の年は寮に四人しかいなかったが、翌年は十人になり、後に数百人になった。四、五人の女子が班を作り、毎週順番に雑用をした。女の子は自分たちで炊事、洗濯、掃除、庭の手入れをしたが、薪割りには男の人が来た。毎晩、勉強する前に聖書を読むのが日課だった。

オクムラ女子寮の寮母イケダ・スミ

イケダ・スミの目標は、キリスト教の環境の下で女子を育成することだったが、仕事は寮だけに限られていなかった。バイブルウーマンもしていたので、よく黒か茶色のこうもり傘と聖書をもって路面電車に乗り、さらに一マイル以上も歩いて、教会員を訪問した。

病気の女性や個人的な悩みのある女性がいたり、誰かよその人に話したくても、大勢の子供たちの世話やこまごまとした家事に追われて、それができずにいる女たちもいた。道が泥道だったり、ほこりだらけだったりしたので、スミはいつも替えの白足袋を用意していて、訪問する家の近くで履きかえた。彼女はこうして、聖書の中のことば以上のものを人々に与えたのである。辺鄙な土地で、ぶたを飼ったり、にわとりを飼ったり、花を栽培している身寄りのない女たちには話し相手になった。

女たちは、耕地キャンプのように必要に迫られてではなく、自分たちから望んで地域社会を作り上げていくのに手を貸した。オクムラ・カツ、モリモト・ラクといった牧師の妻たち、そしてスズキ・シゲ、ソウ・エイコ、イケダ・スミといったバイブルウーマンたちが人々に与えた影響は大きい。家族から離れて、自分の知っている唯一の文化から離れて暮らしている人々には、どうしても帰属意識が必要なときだった。移民たちは、キリスト教という徳川時代には死罪となった宗教と、ハワイとアメリカの文化に触れて、目の前に新しい地平線が広がり、新しい視界が次第に開けていくのを感じた。

それぞれに生まれも、年齢も、要求も違う四、五十人の子供たちが一つの場所に入れられたのだから、毎日次から次へと起こる無数の雑用を片づけるために、女たちは忙しく働いた。ここで培われたものが「家族」からなる真の「家庭」であったことは、彼らが社会に出てからも、互いに手を差しのべ合い、助け合って生きていることが証明している。医師、弁護士、牧師、教師、政治家になってからでも、そして上院議員になってからでも、それは同じだった。彼らのキリスト教の精神はしっかり土壌に根を下ろし、その花と種、すなわち果実が、他の人々の人生を潤していったのである。ちょうど、彼女たちの人生が、自分たちの価値を高めた謙虚な働き者の女たちによって豊かにされたと同じように。

第五章　初期の日本人移民女性たち

「女の場所は家の中」と女性たちはよく言われてきた。女は家にいて、料理、洗濯、アイロンがけ、縫い物、育児、家と庭の掃除をしているものだということである。

もちろん現在では、電気かガスのレンジ、洗濯機、乾燥機、掃除機、暖房機、それに皿洗機から生ゴミ処理機までそろっている。

初期の耕地の女性たちにはこんな贅沢品はなかった。煮炊き、洗濯、アイロンがけ、縫い物、子供の世話、家と庭の掃除、野菜畑の手入れ、ぶたやにわとりの飼育などの仕事を、砂糖きび畑で一日十時間、週六日の労働の合間を縫ってこなしていたのである。身重だったり、赤ん坊を背にくくりつけたままのことも多かったが、ほとんど誰も仕事を投げ出す者はいなかった。とにかく、移民の女性たちは誰もが同じようによく働いた。日本の家の畑でも、長時間精を出して働いてきたのである。「女の場所は家の中」などという贅沢は、初期の移民たちの時代には聞いたこともなかった。

1　コマツ・カメ

コマツ・カメ［小松カメ］は船のデッキから最初にホノルルを目にしたときはうれしかった。ホノルルの町は、遠くの切り立った山を背に緑の丘陵に囲まれ、紺碧の空の下に透きとおった緑の海に面して広がっていた。

日本を発ってから十二日間も閉じ込められた船旅のあとで、やっと下船できるのでほっとしていた。七年ぶりで夫のカジロウ［嘉次郎］と一緒になれるのがうれしかった。ここでは自由になれると思って喜んでいる自分に気づき、カメは少し後めたい気持がした。もう自由なのだ。ひっきりなしに用事を言いつけ、自分に頼り切っていた姑はもうここにはいない。自分を縛る掟はなくなった。今まで日本では、家の誰よりも先に起き、一番後で床についていた。林でたき木を集め、食事の支度を全部しても、残り物や、前の日に炊いたご飯しか食べられなかった。井戸から何杯も水を汲み、風呂をわかしても、一番後でぬるくなった風呂に入るので、体の疲れがとれたことがなかった。家の畑で一所懸命に働くが、自分はただの嫁にすぎないので、いつもよそ者である。いつかは自分も姑になり、十分に食べ、先に風呂に入り、嫁をこき使って過ごせるようになるだろうが、その日が来るのがどんなに遠く思えたことか。カメはこの新しい土地で、ときには馬鹿げているとさえ思える日本の古い習慣から解放されて、生きることができるのがうれしかった。

日本にいたとき、カメは田舎では朝早く起きなければならないのを恨めしく思っていた。泥棒よけというより、夜の冷気から家を守るために閉める雨戸を、なぜ毎朝早く開けなければならないだろうか。夜明けに雨戸が戸袋に入っていないと、なぜ近所の人のうわさになるのだろうか。未亡人になった伯母が朝早く起きて、雨戸を開け、わざわざ煙を出すために火をおこし、また床に入るのをカメは知っていた。ただ昔からの習慣に従うふりをするだけなら、なぜこんな習慣をやめないのだろう。

一九八四年九月十六日、カメは百歳の誕生日を祝った。七十五年前にホノルル、キング街とマウナケア街の角にあった小さいアパートの部屋へ上がっていった日のことを、はっきりと記憶しているのは驚きである。夫のカジロウは、結婚すると間もなく、ハワイへ先に来ていた父のセンタロウに呼ばれて日本を離れた。金が儲かるというハワイで夫は七年も働いたのに、こんな小さなアパートが自分の家なのかと思った。幸い、カメの荷物は小さく、自分の着物を少し入れた行李一つだけだった。ハワイに来れば、夫のカジロウがハワイに合った新しい衣服を買ってくれるとばかり思っていた。

コマツ・カメ百歳の祝い。左は著者

カメはすぐに妊娠し、子供が生まれたので、その狭い一間に三人で暮らすようになり、家計のやりくりには以前にも増して気をつかわなければならなかった。

カメはホノルルに住んでいたので、まだ運がよかった。耕地の女たちは四時に起きて朝食を作り、昼の弁当の用意をしなければならなかった。畑で働く独身の中国人労働者は賄い場で食事を作ってもらい、昼は温かい弁当をもってきてもらっていたが、日本人の妻たちは毎日朝早く、自分と夫のために弁当の用意をしなければならなかった。朝、余裕をもって、出発に間に合うようにするために、米は前の晩にといでおき、木のふたをした黒い釜を外のかまどにかけておいた。朝、妻は起きるとすぐ、顔さえ洗わずにご飯を炊く火をおこした。着替えをし、朝食を食べ、まだ湯気の立つご飯を二段の弁当箱に詰めた。下の段にはご飯を入れ、おかずは、たいてい漬物と焼いたたらの干物か野菜の煮付だったが、上の段に入れた。これと水筒のお茶が半時間の昼休みに食べる昼食だった。

2　オオミヤ・ミネ

キャンプから離れた所で働くときは、耕地会社の砂糖きび輸送の貨車を利用したが、そのためには朝五時までに集合場所に行っていなければならなかった。そうしないと、休みに数えられた。貨車には大きな空の荷箱をよじ登って乗った。この箱は帰りには砂糖きびを積んだ。

ルナと呼ばれる現場監督は無慈悲と決まっていて、労働者をてきぱき働かせるために、ときには殴ったりしたことが記録されている。しかし、オオミヤ・ミネと夫のマンノスケには、ルナに手を

砂糖きびを貨車に積み込む耕地労働者

あげられた記憶はないと言う。「空中でむちが鳴ることもあったが、打つのではなく、ただ脅すだけだった。実際、耕主《プランター》はまじめに働いているものを知っていて、空きができるともっとよい仕事へ昇進させてくれた」とも言っている。

しかし、カール・ヨネダの話はその反対である。耕地労働者にたいして親切や配慮といったものがあったとすれば、それは後年のことにちがいない。特に一九〇〇年以後は、アメリカに併合されて属領となったハワイに新しい移民法が適用されるようになり、契約が切れた労働者がアメリカ本土へ移るようになってからは改善されたが、三年契約の初期の移民労働者は、病気だろうが、死にかけていようが、契約期間の間は働けるだけ働かされた。

ヨネダによると、不当な労働条件が改善されずに続いたため、一八六八年から一九二〇年にかけて、約七万二千人の労働者が六十件以上の騒動を起こし、労働中止、ストライキなどの職場放棄だけでなく、機械や設備の破壊まで行ったという。六百人が投獄され、三百五十人は罰金刑を受けている。

一人はリンチまで受けた。耕地の通訳だったが、法廷で耕主側のために偽証することを拒んだためだという。五人が殺人罪で逮捕され、一人が終身刑、四人が十年の禁固を言い渡されたが、後に五人とも牢を「抜け出し」、アメリカ本土へ逃げてしまった。ヒロからホノルルへは船足の遅い夜船に乗らなければならなかったので、簡単に捕まって連れ戻すことができたはずだった。

ハワイ島パアウハウでは、水の割り当てが少ないという理由で、六十三人の契約移民労働者がストライキを行ったという記録がある。一人当たり三ドル二十五セントの罰金が課せられた。カウアイ島コロアでは、ルナが労働者を殴り、およそ百五十人の日本人が日本の領事が調査に来るまで労働を拒否して街頭行進を行った。

怒りは白人の耕地支配人や、ポルトガル人のルナだけに向けられたのではなかった。一八九七年三月十一日、三百人の日本人労働者が集団で日本人通訳を殺した。当局が首謀者を出せという要求すると、三百人全員が名乗り出た。結局三人が起訴され、一人が有罪とされた。

不当な扱いを受けたのは日本人労働者だけではなかった。一八九九年一月には、ルナを襲ったとして一人の中国人が逮捕されると、それに同情してマウイ島スプレクルスビルからワイルクまで、百三十人の中国人労働者のデモ行進が行われた。一八九七年には、ポーランド人七十人が超過労働

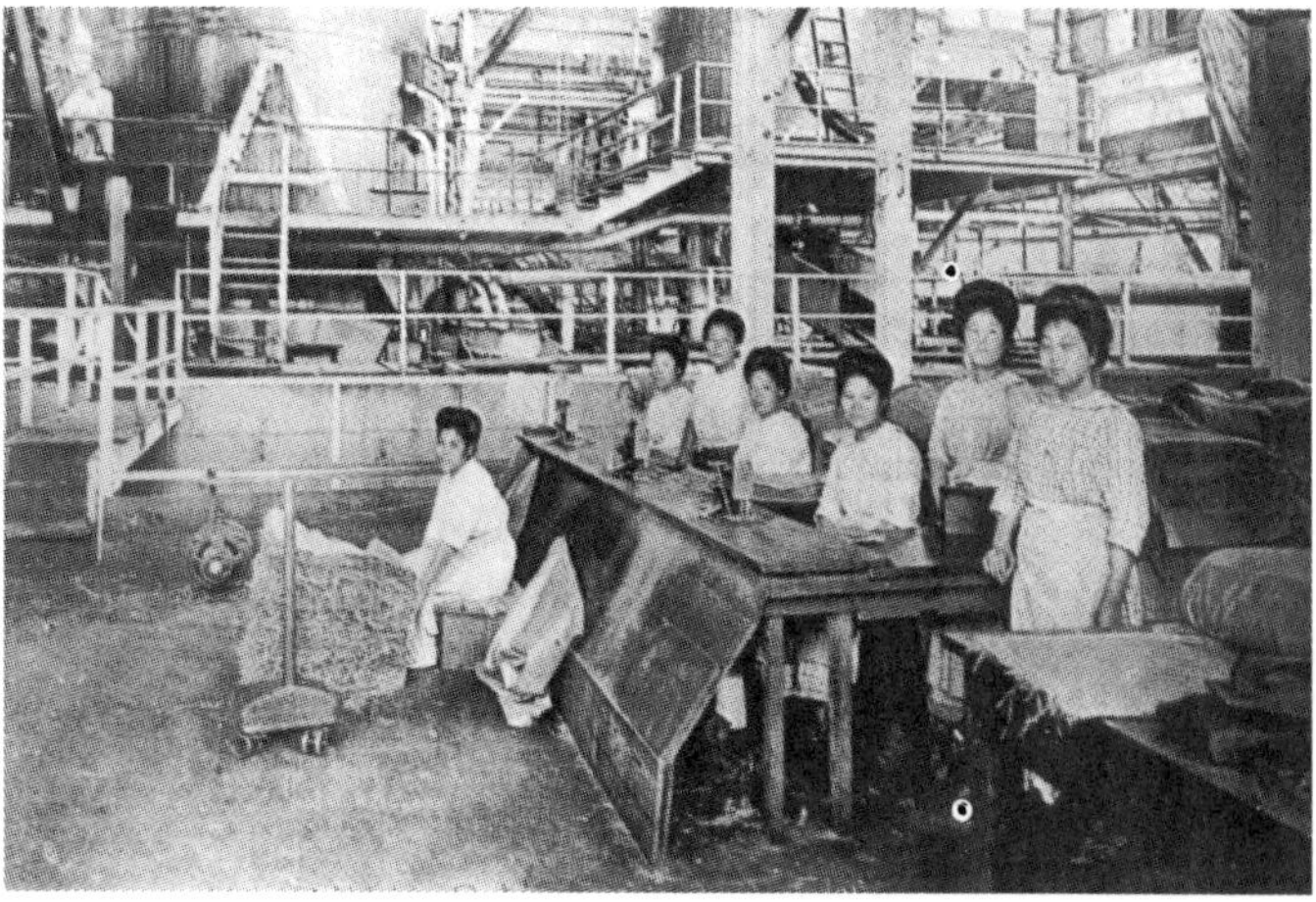

マウイ島ラハイナの製糖工場

とルナの暴力に抗議した結果、逮捕された。ワイパフの耕地に戻ることを拒否すると、三十六人が約一年間投獄されたが、二十二人は未成年者だったので、契約法違反で一八九八年に解約された。

一九〇九年以前の最大の争議は、マウイ島ラハイナのパイオニア工場で起こった。労働者がルナに殴られて片目を失ったことに抗議して、耕地と工場の日本人労働者二千二百二十八人のうち、千五百八十九人がストライキを起こし、一人が警官に殺された。ルナ二人が解雇され、多少待遇が改善されたといわれている。日本人移民たちは、団結すれば目的が達せられることを学んだ。

オオミヤ・ミネは、移民局に夫が最初に迎えにきたときのことを思い出す。写真結婚だったが、二十二歳のミネは夫を助けて金をたくわえ、早く日本へ戻ろうと心に決めていた。九十歳を越えたミネは、

写真花嫁。花婿のいない日本での記念写真

今でもハワイで健在である。

　写真結婚でハワイに来た女たちは、よく結婚相手の男に失望したものだと、九十七歳のイノクチ・カクジは移民局へ妻を迎えに行った日のことを思い出して、笑いながら目を輝かせる。

「わしら十人、嫁を迎えに行ったんよ」とカクジは言う。「わしと妻とは日本の戸籍では、もう二年も結婚していることになっとった。日本へ早よう戻った友達の姪でのう。嫁を探してくれというといたら、自分の姪が一番じゃいうて。写真を送ってもうてたから、どんな顔しとるか知っとった。来た女の中で一番べっぴんじゃったよ。写真よりもいいくらいじゃった。これが自慢で、うれしうて胸がドキドキした。妻もわしを見てがっかりせだったようで、それもうれしかった」

「写真花嫁の中には日本へ帰りたい者もおった

上　ホノルルの移民局。移民男性と写真花嫁との集団結婚が行われた
下　呼び寄せ移民時代の荷物調べ。右端は移民官の勝沼富造（1910年頃）

よ。ハワイや結婚した男を見ていやになったいうて。だが、移民官の勝沼さんは『さあ、もうハワイに来たんだからしばらくいてみなさい。どうしてもいやなら、後でも戻れるから。それとも、別の男を見つけるか、ここには独身の男はたくさんいるから。二、三週間いてみて気に入るかやってみなさい』と言うたもんだ」

オオミヤ・ミネは夫を見てうれしかったのか、がっかりしたのかは言わない。ミネは思い出す。オアフ島リーワードの新居へ貸し馬車に乗っていくと、丘の上に立派な家があった。馬車はその家に向かって行くようだったので、ミネは気が遠くなった。夫が耕地で働いた金で、どうしてあんなに立派な家が買えたのかと思った。特に夫は酒好きと聞かされていたのに。すると、馬車はその大きな家を通りすぎ、細い泥道へ入り、掘立小屋の建ち並ぶ小さなキャンプへ着いた。そこがミネのハワイの家だった。

初期の移民の女性たちにとって、家の掃除や片づけは時間がかからなかった。家は八畳一間の広さしかなく、荒削りの木材を組み合わせて、内側と外側を漆喰で固めたものだった。床は土を固めただけで、掃除には若竹を束ねたほうきを使った。ドアに向かって奥に一段高い床があり、そこに日本からもってきたござを敷いた。寝るときは毛布を使い、蚊を防ぐために蚊帳をつった。寝床の下には耕地の店で買えるときに買っておく貴重品の缶詰や、こまごました日常品を置いた。独身者は狭いベランダやポーチにそって部屋が並ぶ長屋に住んでいたが、結婚すると既婚者用の一戸建に移ることができた。それは夫婦者にもっと広い住居を与えるためということだけでなく、夫のいない間に妻が独身者にいたずらされたりしないためでもあった。

「洗濯には日曜丸一日かかったもんよ」と、ミネは当時を語る。「五ガロンの灯油の空缶に石鹼水を入れて、家の外で火を炊いて、汚れ物を入れて煮るの。昔のブラウンソープには本当に強い洗浄力があった。それから洗濯物を取り出して、たたいて泥を落とすが、なかなか乾かんので、数日干しておいたもんだ」

「耕地で働くかわりに、独身者のために洗濯したり、アイロンがけをしたりする女たちもいたが、洗濯物を届けて話し込んでいたりすると、いろいろうわさが立つんで、独身者の洗濯を引き受けるのをいやがる女たちも多かった」

「薪は無料と聞いていたが、ただといっても、キワエの木は丸太のままだったから、男たちがそれを短く切り、それから割ってたき木にしなければならなかった。キワエからは上等な炭ができたが、のこぎりで引いたり、なたで割ったりするのは堅くてなかなか大変だった。キワエの木で共同風呂をわかしたり、風呂桶を作ったりした。初めのうちは、風呂場は、男はこちら側、女はあちら側と分かれていたが、フィリピンの移民がハワイへ入ってきてからは、フィリピン人が片方、日本人男女がもう片方ということになった。そのうち、子供の多いうちでは自分たちの風呂を作りだした。風呂代は一人いくらというものだから、七人も八人も子供のいるところは共同風呂の代金が払えなかった」と、ミネの思い出はつきない。

ミネの息子の嫁のエルシーも、子供の頃、母親を手伝って、地下足袋を縫った。足袋のサイズは

砂糖きび耕地で働く女たち

七から十までいろいろあって、男客も女客もボール紙に足を乗せて足型をとり、自分のサイズを決めたものだ。熟練した縫い子は、客の履き心地がよいように、足袋のつま先やかかとを広げたりできたが、こうした小さな工夫が評判を呼んだ。

エルシーの母親は、かすりのシャツも縫った。かすりの布地は厚く、砂糖きびの葉っぱで肌が切れるのを防いだ。畑に出るときのズボンは、もっと強い布のアヒナ（デニム）だった。三番目は腰に結ぶ黒い細帯で、次がさそりやむかでから身を守るための足に巻く脚絆だった。手袋は手を甲から肘までおおい、やはりアヒナでできていて、働きやすく風通しのよいようにふくらんだ袖の上にしっかりつけてあった。

「日よけにボンネットをかぶった」と、ミネは当時の思い出を語る。ボンネット帽には首を保護するために、タオルのようなひもがついていた。後になって麦わら帽子をかぶる女たちも出てきたが、砂糖きび畑で働くには向いていなかった。こうした仕事着をつけるだけでも、働きに出るのは大変なことだった。それに、朝の五時までに、その日の作業場まで弁当箱をさげて歩いていかなければならなかった。

女たちは強い木綿地を亜麻仁油につけて防水し、雨ガッパも縫った。カッパに火がついたということを聞いていたから、どんなに寒くても、カッパを着たまま火のそばには行かないようにした。

店で売っている品物は高かったので、とうとうわらじまで自分たちで作った。古い肥料袋をほどいて、軽いわらじを編んだ。うちで履くにはぴったりだった。

ストライキと言えば、オアフ島で起きた一九二〇年の二度目のストライキを、ミネはよく覚えている。その年まで夫は監督で、いい賃金をもらっていたが、日本人労働者側についたため一家は住居を追い出された。息子のユキオは五歳くらいだったから、六十五年ほど前のことになる。ワヒアワへ行くと、ヨシムラという人がガレージに泊めてくれて、バナナをくれた。ちょうどその頃、夫は現在のフォード・アイランドで石を掘り出す仕事を見つけた。当時は、石を積んだ車を引くには馬を使っていたが、労働は全部人間がやっていた。

もう一つミネが覚えているのは、一九一六年か一七年の第一次世界大戦の頃のことで、夏には十歳以上の子供は誰でも、一日二十五セントで耕地で働けた。金を稼ぎたいので、九歳の子供でも十歳だと嘘をついた。子供たちは敏捷なもので、砂糖きび運搬用の貨車によじ登って作業場へ行ったものだ。土曜日は半日だった。「オコパウ制度」というのがあって、早く割り当ての仕事、例えば、草抜きなどを何列かすますと、早く帰ることができた。しかし、働きたい子供たちは、一日中でも働けた。とても早くて、女たちをどんどん抜かしていった。自分たちの分を終わってしまって、大人を手伝ってくれる子もいた。十一歳や十二歳の子供たちが、学校を続けるために、こうして貯金していたのである。現在、ホノルルの名士になっている人たちや、上院議員になった人でも、子供の頃はこうして耕地で働いたものだ。

学校のあるときも、農場やコーヒー園で子供を働かせる親があった。オカムラという人が、息子をホルアロアの学校へ通わせないという理由で、一ドル五十セントの罰金と三ドルの法廷料を課せられた。二年後にも、オカムラは息子に五日学校を休ませたということで、グレイグ判事のもとに出頭している。しかし結局、「息子を二、三日間、家で休養させること」という趣旨の医師の診断書を提出して罰金を逃れている。

3　移民の女性たち

コマツ・カメも、生まれたばかりの赤子を抱えて狭苦しい部屋に座っていた、一九一三年から一四年頃のことをよく覚えている。夫にもっと広い家が必要だと話して、やっとモイリイリに引っ越してきた。当時、平地のモイリイリは水田とあひるの飼育場で、島を結ぶ連絡船の荷揚労働者だった夫の職場からはかなりの距離だった。

住所はチャーチ・レーンで、大地主のキャッスルかマゴグーンの土地だったと、百歳のカメは次のように回想する。モイリイリ・チャーチというハワイ人の教会があって、墓地があった。夫はそこに埋葬した。カピオラニ大通りがキング街と交差するところに、当時は川があって、マノアとパロロから水が流れ、その向こうは水田とタロ芋畑とぶたやあひるの飼育場だった。バナナが茂り、ぶどう園もあった。川には三十センチもあるうなぎがいて、見た目が悪くて泥臭かったが、いい味がした。子供たちはなまずを捕ったが、これはおいしかった。

にわとりを飼っていたが、卵をよく産んだから、朝昼晩と卵を食べた。子供たちの昼の弁当にはおむすびを作り、卵焼きを作った。夕食には野菜の卵とじをした。

水を運ぶ耕地労働者の妻

子ぶたを一匹飼っていて、芋やにんじんやきゅうりの皮、キャベツの葉などの台所の残り物をやった。残飯を全部バケツに入れて、ご飯を炊いた残り火で煮てやったこともある。ぶたは生のものでも、煮たものでも何でも食べた。

移民たちに言わせると、にわとりが一番だった。卵は食べ、殻は植物の根本にまき、糞は集めて落ち葉と混ぜて、野菜や花の肥料にする。肉は野菜と煮て食べ、骨はスープにし、羽毛は枕に詰めるためにとっておく。おんどりは目覚ましがわりになり、めんどりは野菜畑の土を掻いて、虫を見つけて食べてくれる。昔は殺虫剤など使ったことがなかった。放し飼いのにわとりは走りまわっていたが、夜になると必ず戻ってきて決まった木の枝で眠るので、小屋に入れておく必要がなかった。にわとりだって、どこがわが家かちゃんと知っていた。

カメの打ち明け話によると、当時はある物はなんでも利用しなければならない時代だった。娘のフローレンスが生まれたとき、おむつがなくて、手当たり次第にぼろぎれを使わなければならなかった。やっと米袋を見つけたので、紐をはずして、丸めてとっておいた。それから袋を石鹼で洗い、特に文字が書いてあるところはよく洗い、芝生の上に広げて日に干した。これを二、三度繰り返すと、太陽と石鹼と草で布が白くなった。米袋はおむつの他にも、パンツ、シミーズ、ふきん、シーツ、カーテンなどになった。

初期の移民の女たちは見たり、聞いたり、実地に遭遇して、いろいろなことを学んでいった。花の咲く木より、実のなる木を植えるほうがよかった。花は目の保養になるが、実は腹の足しになる。花桃やオレンジの木は、腹の足しだけでなく、目の保養にもなる。そこで、農家ではオレンジ、レモン、桃、りんご、いちじく、アボカドなどの木をできるだけ植えた。日本では東海道に松を植えて、道行く人に日蔭を作ったが、ハワイでは子供たちが学校からの帰り道に、びわ、オヒア、オレンジ、りんご、グアバなどの実が食べられるように、果物の木を植えたのである。ポハ、つまりパッションフルーツは、木々にからみついてエキゾチックな紫の花とつやつやとした実をつけた。ポハは

上　野菜を売り歩く女　　下　魚を行商する女たち

初期の砂糖きび耕地の住まい

低い藪に実り、その実で子供たちは小さい風船玉を作って遊んだ。

バナナがいいと言う女性もいる。バナナの木が一本あれば、バナナが実る。その木が枯れると、二本の芽が出てくる。その二本にまたバナナがなって、枯れると、四本の芽が出る。二、三本植えれば、すぐにバナナの林になる。水も肥料もいらない。

薬は、医者や薬局からではなく、年に二回耕地にやってくる薬の行商人から手に入れた。仁丹とかゴトウサンとか熊の胆《い》など、女性にはミッカサンを置いていった。薬にはいろいろあって、なかには貝殻に入ったものもあった。薬屋には半年間に使った分だけを払った。薬屋がもってきた一番のおみやげは他の耕地のニュースだったかもしれない。「ところの者」と呼ばれる同郷の人々が、他の耕地にも入っていたからである。「クボヤマさんはもう六人の子持ちだ」と聞いて、「もう、そんなに」と驚いたが、わが家の子供を数えてみたら七人だった、という笑い話もある。

カメの話はさらに続く。「普通の風邪には休養が一番だ」ということがわかった。子供が喉が痛いといえば、かたくり粉を水でといて、お湯と砂糖を混ぜて飲ませた。かたくり粉はひりひり痛い喉をうまく通った。もう一つの家庭薬は水飴である。清潔な箸を缶の飴に突き刺し、箸を回して水飴を十セント銅貨の大きさになるまで巻きつける。子供は飴を飲み込まないで、口の中に入れておくように言われた。飴がとけて喉が楽になり、とてもおいしいので、子供は風邪を引いたと嘘をついて飴を欲しがった。

年寄りたちは二世たちに、おまえたちは全部ハオレ（白人）の真似をする必要はないと言った。箸で間に合うのに、なぜスプーンやフォークやナイフを使うのか。それに、日本手ぬぐい一本で足りるのに、なぜフェイスタオル、ハンドタオル、バスタオルなどと三種類も使わなければならないのか。試しにフェイスタオルか、ハンドタオルで背中をこすってみなさい。ひとつは短すぎ、もうひとつは大きくて厚すぎることがわかる。日本手ぬぐいは、長さも肌ざわりもちょうどよい、というのである。

また女たちは、子供を一人一人別の部屋でなく、共同の部屋で勉強させるようにすすめられた。「小さい子供は大きい子供を見ていろいろなことを覚える。家の三番目と四番目の子は、小学校の一年生になる前に、英語の読み書きができた。それに、一番上と二番目が日本語学校に通っていたので、下の子たちも片かなの読み書きができた」

コマツ・カメにとって、ほぼ七十五年にわたるハワイ暮らしは、幸せで満足なものだったことがうなずける。台所とガレージを掃除して、中学校から帰ってくるひ孫のマシューとルース・マリーのおやつを用意しながら、カメは百歳の誕生日のお祝いを機嫌よく迎えるのだから。

「ひ孫たちは、おばあちゃんのことをとても気にかけている」と、カメの娘フローレンス・ツバキハラは笑う。「耳が少し遠いので、わたしたちはおばあちゃんに大声で話すんですよ。とにかく百歳ですから。すると、ひ孫たちは、『どうしておばあちゃんに怒鳴るの』と言うのです。聞こえないからだと言うと、『じゃあ、どうしておばあちゃんはわたしたちの言うことは聞こえるのですか』ですって」

「孫たちは『おばあちゃん、日本語のテレビを見なさいよ』と言います。おばちゃんの好きそうな番組を見つけると、チャンネルを変えてしまって、わたしたちの番組が見られなくなってしまうんです。先ず何でもおばあちゃんなんです。……」

「あの子たちの部屋へわたしたちが入ると、どうしてノックしないで入ってくるのと言うのですが、おばあちゃんが入っていくと、『おばあちゃん、いらっしゃい、いらっしゃい』と言いますし、毎晩『おばあちゃん、おやすみ』と言います。おばあちゃんとは同じ歳の友達どうしのような話し方をするのですよ。……」

「うちは四世代が一つ屋根の下で暮らしていますが、ひ孫たちは何と運がいいことかと思います。おばあちゃんも、おばあちゃん思いの孫やひ孫と一緒に住めて運がいいですよね」

ヤスタケ・ユウイチロウはすでに百歳になっているが、不思議に思うことがある。「家内はどうやって、借金もしないで、やってこられたのだろうか。わたしの月給は十二ドルで、それから十五ドルになったものの、子供たちがあった。息子のピーターをホノルルの師範学校へやり、それからハワイ大学に入れた。まったく驚きだ。この頃、毎日、同じことを自分に問うてみている。いったい、どうやって、やり繰りしていたのだろうと」

ヤスタケ・ユウイチロウは、自分の妻だけでなく、初期の移民の妻と母親のすべてに敬意を表しているのだ。

ハワイの初期の日本人移民は、低賃金、粗末な住居、ストライキなどの苦難を味わいながらも、耕地だけに住んでいたのではない。

カラウパパの癩病施設や、今日では「ケアホーム」という婉曲的な呼び名に変わっているが、当時は「慈善病院」とか「養老院」と呼ばれていたところに住んでいた日本人もいた。また、オヒア張りのぴかぴかの床、イタリアから輸入したタイル、子供一人一人に乳母がつくという、寝室が七つもある家に住んでいる日本人もいた。この他にも、ドクターズ・ロウと呼ばれるヌアヌ街のビクトリア風の大邸宅に住んでいた裕福な日本人もいた。それは、モウリ、ウチダ、アサヒナ家だった。もちろん、バスに乗って、カハラやドーセット・ハイツの高級住宅に出向いて、床をこすったり、

カラウパパのモロカイ癩病隔離地

銀食器を磨いたりといった家事をする「ママサン」と呼ばれた女性たちもいたが、髪をポンパドール風に結ったり、着物を着て縫い取りのある帯をしめたり、花飾りのある帽子に絹のドレスという社交界の女性たちもいた。

4 伝染病

ハワイに来ても、日本と同様に、「持つ者」と「持たざる者」が生まれた。

一番不運なのは癩病患者——「ハンセン病」と呼ぶのはずっと後になってからのことである——だったが、その数は少なかった。カラカウア王が日本を訪問したとき、癩病院経営者の後藤昌文医師のことを知り、カラウパパのモロカイ癩病隔離施設に来て、ハワイ人に援助の手を差しのべて欲しいと頼んだ。後藤医師は一八八六年から一八九五年までハワイに滞在し、癩病の治療にチャルムグラ・オイル（大楓子油）を使用して好い効果をあげた。一九〇八年には、帰国を希望する日本人癩病患者が十人ほどいたが、彼らを乗船させる船長がいなかった。やっと、東洋汽船の笠戸丸が引き受けた。しかし、船は南米経由で帰国するが、癩病患者は日本に着くまで自分の船室から出ないという条件付きだった。日本赤十字社の石井勇吉という人が、食事、飲料水、薬など必要なものを世話することになった。日本語新聞『日布時事』の社長ソウガ・ヤスタロウ［相賀安太郎］が見送りに行ったが、癩病のために顔や手が醜く変わっていても彼らがうれしそうなのを見てほっとした、と後になって書いている。

癩病患者たちが日本に戻ると、初めのうちは親たちも喜んでいた。しかし、時がたつにつれて近所の者たちが村八分にしはじめたので、家族は癩病の子につれなくした。当時は、家族に癩病患者がいるというだけで、きょうだい、そしていとこまでもが、同じ家柄の相手との結婚は望めず、親たちは病気の子のきょうだいの将来を考えなければならなかった。

癩病患者たちは、ハワイのカラウパパの隔離施設に戻ることを希望したが、その願いは聞き入れられなかった。一時は四十人ほどの日本人男女がカラウパパにいたが、次第にこの避癩地に関する情報を流すことは許されなくなった。一般大衆に何のためにもならないという当局からの通達だった。

ペストがホノルルに流行したとき、もう一つの不幸が日本人男女を襲った。数ヵ月の間に六十一人がペストで死亡し、保健局は感染を防ぐために病人の出た建物を焼き払うように命令を出した。一九〇〇年一月二十日、炎は折からの強風にあおられて飛び火し、日本人と中国人が住む延べ十五

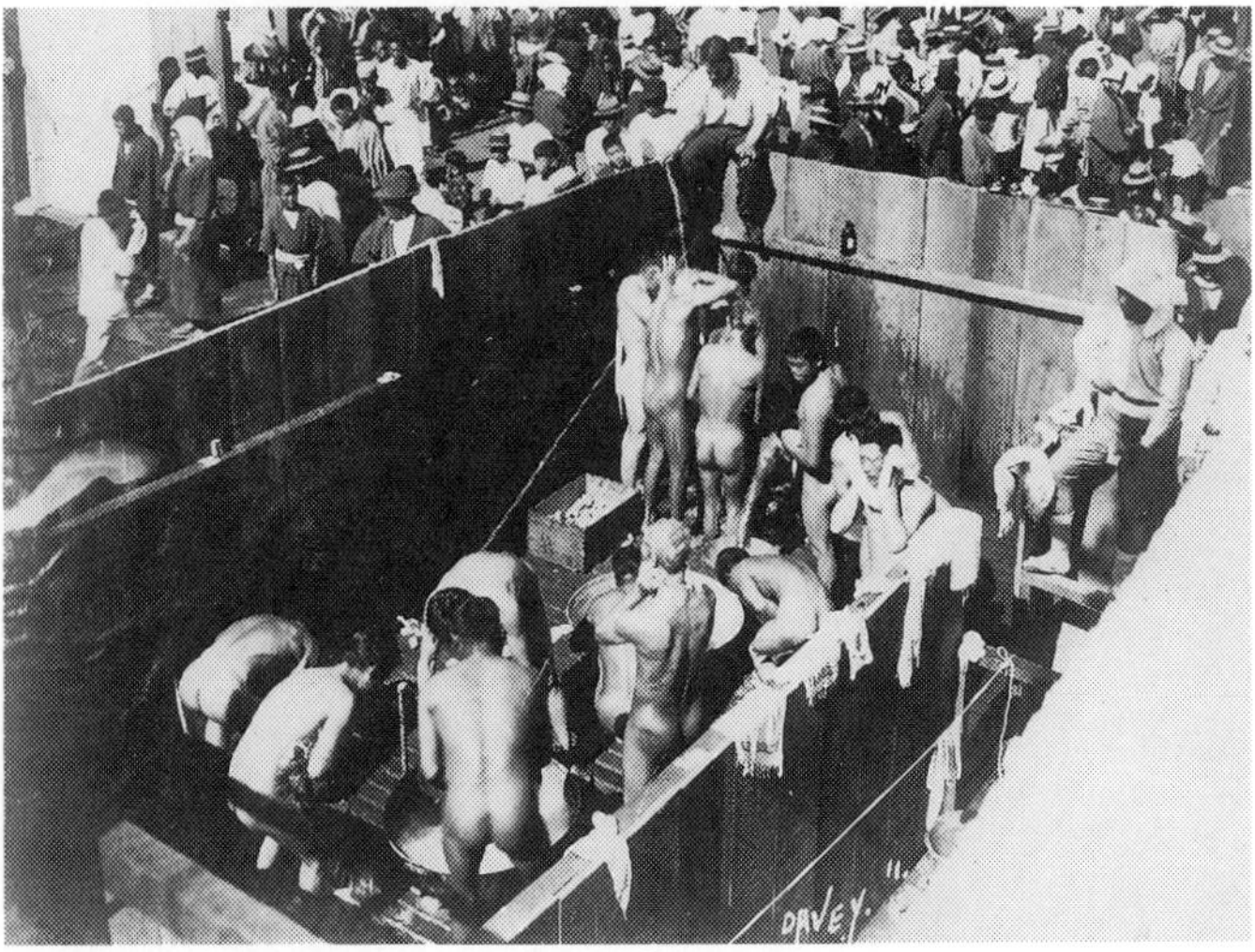

上　ペストで汚染された帽子や履物の消毒作業　下　汚染地区の公衆浴場

上　ペスト焼き払い事件。汚染家屋の焼却作業中に飛び火し日本人街を焼きつくした　下　大火で焼き出された人々

万八千平方メートルの建物が焼け落ちた。四千人以上が焼け出され、食料、衣料、住居を必要とした。

日本人社会は救援に駆けつけ、オクムラ・タキエ牧師は衣料を集め、教会員は約七百三十キロの米の炊き出しを被災者のために行ったといわれている。また、本派本願寺のイマムラ・エミョウ［今村恵猛］監督は義援金と医療援助の基金組織を作り上げた。この火事によって、病院の必要性が再認識され、一九〇一年には、カパラマに日本人慈善病院が開設されて、日本人医会と臨時日本人会が活躍した。

5 日本人慈善会とクワキニ病院

一九〇二年に京浜銀行がハワイ支店を閉鎖したとき、一万ドルを日本人慈善会に寄付したので、会から寄付金を受けた日本人慈善病院は、リリハ街のコバヤシ・サンザブロウ［小林参三郎］医師の経営する小林病院を買い取り、手狭になったカパラマの病院から移転することができた。日本人慈善病院は十五年間ここを拠点にして、日本人移民に奉仕した。

モウリ・イガ［毛利伊賀］とコバヤシ・サンザブロウの両医師は、この病院で尊敬される存在であった。コバヤシ医師はスタンフォード大学医学部を卒業して、ドイツに留学した。最初にサンフランシスコで開業したが、後にハワイに移り、モウリ、ウチダ、コジマ［小島春庵］、オガワ［小川雲伯］、オオカワラ［大河原三四郎］の医師たちと自分の病院を設立した。

日本人慈善会付属クワキニ病院

日本人慈善病院と日本人慈善会は、貧しい人々が日本への帰国を望んだ場合は援助し、縁者のいない死者の葬式を出し、医療費を払えない者には最低の治療費を請求するか、または無料にした。

一九一六年、医療活動をさらに広げるために、クアキニ街に一万五千八百平方メートルの土地を購入した。土地は一万千七百ドル、建物は十一万八千ドルで、一九一八年九月二十七日にクアキニ病院は完成した。日本人慈善会が六万四千ドルを寄付したが、残りは個人の寄付によるものだった。

日本人婦人会は一九一六年に創設され、第二次世界大戦中は解散を命じられたが、一九五四年に復活し、日系婦人会と改名した。現在でも、主に連邦と州の予算で運営されているクアキニ病院が併設している老人男女のケアホームのために、募金活動を行っている。また、クアキニ病院はデイケア・センターを開設して、医療活動を広げてい

ホノルル日本人婦人会の会員。前列左から三人目がモウリ・イガ夫人、最後列左から三人目がイケダ・スミ、六人目がニシガヤ・キヨ、その前がヒロコ・ミヤハラ、同列右から三人目がソウ・エイコ

るので、昼間看護を要する親を預けて、応急の場合はすぐに医療を施すことが可能であり、栄養のある食事を提供して、痴呆症にならないように、種々の活動や娯楽が病院の専門家によって用意されている。

元年者の母をもつオザワ・イトコの夫、横浜正金銀行のイマニシ・ケンジが多くの会社を破産から救ったのは、一九〇〇年のホノルル大火の最中であった。銀行家のイマニシは、商人たちにそれまでのように現金ではなく、為替の利用をすすめ、商業界の再興に貢献した。一八八五年、官約移民でハワイに来て、最初に使用人に選ばれたキムラ・サイジは、桟橋に積まれたままで引き取り手のない船荷を共同倉庫に保管するよう手配した。このような相互協力によって、店舗や事務所がそっくり焼失したにもかかわらず、生き残れた会社が多かったのである。

6　マツモト・キサブロウ

耕地労働者の月給が十五ドルから二十二ドルであったとき、指導力と創意と勇気のある男性は、妻子に前代未聞の贅沢をさせることができた。一八九一年にハワイへ来たマツモト・キサブロウがその一人である。マツモトは最初にパシフィック・グアノ肥料会社で労働者として働きながら、あらゆる機会を利用して英語を勉強した。

一八九四年に、マツモトは精神異常をきたした妻を日本に帰さなければならなかった。こうした不幸にあって、名前をキサブロウからキクタロウ改めた。精出して働いて貯金し、帰国して新しい妻を迎える計画であった。

一八九七年、地主のマラ・マヒアイからモイリイリに土地を借りた。しばらくして、建築工事の請負業を学び、モイリイリの石切場やその周辺で働く日本人の独身男性のために長屋を建てた。事業は栄えたが、大企業と取引きするために、完璧な英語を話す雇い人が必要だと痛感した。そこで、マツモトは英国人の建築師を一人雇った。彼が請け負った仕事の中には、モアナルアの富豪サミュエル・デーモンの屋敷もあった。この屋敷のために、高価な舶来のタイルやオヒアなどが大量に購入されたが、その「余り」で、寝室が七部屋もある、ぴかぴかのオヒア張りの床に、イタリアのタイルを張った浴室のある自分の家を建てた。

マツモトは地主のマラ・マヒアイの家に行ったとき、娘のキアに一目惚れして、結婚を申し込んだ。最初、娘は日本人との結婚を拒んだが、間もなくマツモトを受け入れるようになり、十四歳で結婚した。四人の子供が生まれたが、最初の子は一九〇〇年に亡くなり、二番目の子エドワードはカワイハオ教会で洗礼を受けた。一九〇三年には娘のイトコが、一九〇七年には男の子タツミが生まれた。三人の子一人一人に乳母が、家事や洗濯のためにメイドが雇われた。キア・マツモトは望めるかぎりの贅沢ができた。

タツミが生まれて六ヵ月後、キアは病に倒れた。マツモトはキアの回復を願い、かつてエマ女王の持物であったフォート街のエマ・ホールさえ買い取ったが、キアは二十三歳の若さでこの世を去った。

マツモトが大ばくちに出たのは、一九一四年のことだった。S・C・アレン号という船が材木を積んでノースウェストから入港してきたが、ワイキキ沖でさんご礁に座礁した。船の損失を埋め合わせるために、船体と積荷が競売にかけられたので、マツモトは財産を担保に銀行から金を借りて、これを手に入れた。友人たちは彼のことを馬鹿呼ばわりした。天候が変われば、船はさんご礁から離れて、沈んでしまう。マツモトは船ともども積荷を失い、破産するかもしれない。

これは第一次世界大戦初期の頃のことで、食料が不足していたので、マツモトは船にコンビーフの缶の箱があるのを見つけて売りさばき、かなりの儲けがあった。

しかし、彼はどうやって主要な積荷の木材を陸揚げできたのだろう。デッキから木材を一本海に放り投げ、それがどこへ流れていくかを眺めていると、木材は途中で急に方向を変えて、ジョージ・ベックリーという人の敷地内の岸に流れ着いた。もう一本投げ入れてみると、これもやはりベックリーの敷地だった。三本目も同じだった。喜んだマツモトは、大急ぎでベックリーの土地と空地を二、三ヵ月借り、人を雇って、船から海へ木材を投げ入れ、ベックリーの敷地内の岸から、ダイヤモンドヘッドの傾斜地へ引っ張りあげて乾かした。

第一次世界大戦中のハワイでは木材が不足していたので、住宅建設はマツモトの独占になった。船体や付属品の木材まで売り飛ばした。こうして、マツモトは寝室が三、四部屋ある住宅をたくさん建売りして、億万長者になった。

一九一五年、マツモトは子供たちを連れて日本を訪れた。一行には子供一人につき一人のお手伝い、一番側近の部下、パッカードの最高級車にお抱え運転手がついていた。祖国日本の家では、長さ三キロの道路を造ったり、毎日制服を着た運転手がマツモトの父親をドライブに連れ出したので、豪華な車と制服の運転手を見物しに人々が集まってきた。

マツモトは父親のために家を新築し、墓石を刻ませた。また三人の子供にそれぞれ土地を買い与えたが、これは子供たちが日本で過ごすときの夏の家のためでもあった。こうして一行はハワイへ戻った。

マツモトの成功には際限がなかった。パラマ地区に土地を購入して住宅を建て、高級住宅地ダイヤモンドヘッドにも十四万平方メートル余りの土地を手に入れた。彼は磨きぬかれた美しい欄干とルネッサンス様式の彫刻のある、横浜正金銀行ハワイ支店のすばらしい建物を手がけた。そして、ヌアヌ街の日本総領事館やホテル街のオフィスビルなどを建てた。

しかし、二、三年後、自分が癌で余命がないことを知ると、マツモトは娘のイトコを連れて、最初の夏の別荘を建てるために、オヒアやコアの木材を積んで日本へ向かった。彼が死んだとき、残念なことに、二人の息子はスペイン風邪がひどく、葬式に出られなかった。マツモトが墓を贈った老いた父親が喪主であった。

このように、耕地労働者たちが長時間の労働に追われていた一方で、ハワイで富を築いた実業家がいた。特に、貿易で成功した者が多かった。その妻たちは、ハワイの社交界で活躍することになり、耕地労働者の妻や、「ママサン」と呼ばれたお手伝いとは違った日本女性のイメージをハワイ社会に与えた。

第六章　ハワイの仏教

1　日系移民と仏教

「元年者」の総代をつとめたマキノ・トミサブロウが、一八六八年に徳川幕府から受けたハワイ行の旅券には、「決して他宗の宗門に入るべからず」と記されていた。このときまで、日本ではキリスト教への入信は死か投獄を意味した。

「明治元年」(慶応四)の移民をハワイに運んだサイオト号の船上で死んだ和吉が、リーガン船長の手でキリスト教の儀式で葬られたのは皮肉である。百五十三人の移民の中には、仏教の僧侶は一人も乗っていなかった。マキノ・トミサブロウはこの船でハワイへ来た。

第一回の官約移民を乗せたシティ・オブ・トウキョウ号がホノルルに着いて間もなく、一八八五年二月にマツウラ・クマタロウが死亡したときも、キリスト教会によって埋葬された。女性と子供を含む九百四十四人の移民労働者のために、医師と通訳の同伴はあったが、仏教の僧侶の配慮はさ

出雲大社ハワイ分院（1906年設立）

れていなかった。日本人は信心深い国民であって、子供たちは小さい頃から「霊魂」や「神々」と深いかかわりあいをもっている。子供が生まれて一ヵ月たつと、神社でお祓いを受け、清めてもらう。女の子なら三歳と七歳のときに、着飾って七五三の祝いをする。男の子なら三歳と五歳で祝う。家族はこうして、子供が生まれてから無事にここまで育ったことを神々に感謝するのである。

家族のうちの誰かが死ぬと、仏教の僧侶は葬式だけではなく、死後七日目、三十五日目、四十九日目、百日目の仏事をとり行う。その後一回忌、三回忌、七回忌、十三回忌の法要を営む。こうして家族は死後も忘れ去られることはない。

今日でも、ハワイの日系人の家庭では、家族がキリスト教徒でも、家のどこかに仏壇のあるところが多い。仏壇とお供えは、仏教徒であった死んだ両親や祖父母への思い出なのである。

端午の節句に鯉幟をたてる日系人の家

日系二世たちの中には、夜「パーラー」と呼ばれる部屋に座って、一家そろってお経をあげたことを覚えている人たちが多い。お経の意味は解らなかったが、霊や家族の絆によって守られているという気持は長く記憶に残った。「モロ　モロ　ノ　ゾウギョウ　ガッシュウ　ジリキ　ノ　ココロ　ヲ　フリステテ　イッシン　ニ　アミダ　ニョライ……」と、家族であげるお経の文句は、よちよち歩きの子供でも真似をしてしだいに憶えるようになった。

正月の祝の餅つきには、もち米を蒸して、ついて、固める。そしてまず最初にできた餅を仏壇に供えてから、家の中のいろいろな霊に捧げる。子供たちはお運びに使われる。母親が大きな餅を一番上等な皿に盛って、「ほら、これを仏様に供えて、そして次のは神様に、それからみんなで食べるの」と言う。子供たちは幼い頃から神仏を信じ敬うことを学び、それが知らないうちに、生活の一部となってしまう。

こうした選択の余地のない、強い仏教的な家庭環境に育った初期の日本人移民たちは、死んでも仏教で葬られない仲間をみると非常に動揺した。一九三五年の『ハワイ報知』紙に、カウアイ島カパアのオカノ・ジュウスケという人が次のように書いている。

耕地キャンプでは、一部屋に四、五人の独身の男が押し込まれ、もし仲間の一人が死ぬと、残りの者は埋葬の支度のために三十分早引きすることが許される。遺体は粗末な棺に納められ、らばの引く車に載せられて墓地へ運ばれ、急いで掘った墓穴に下ろされる。寺もなく、異国の地で亡くなった魂に、最後の経を読む僧侶もいない。テラオカ・トウスケという人が「阿弥陀経」と「正信偈《しょうしんげ》」が読める在家の僧侶であることがわかったのは、かなり後になってからのことだった。その後は、葬式には必ずこの人が呼ばれた。わたくしのだいたいの記憶でも、四百回ぐらいは呼ばれたと思う。

第一回官約移民がハワイへ来てから十一年後の、一八九六年のハワイの日本人人口は、二万四千四百七人だった。一九一〇年には、これが七万九千六百七十五人に達し、このうちの五万九千七百八十六人、すなわち全体の七十五パーセントが仏教の葬式になじんでいた日本から来た移民だった。おそらくこのためだろう、正式にキリスト教徒になったのは、三十年たった一九一七年でも、千七百十四人にすぎなかった。日本の寺と神社の伝統や記憶は、移民たちの心に強く残っていたのである。日曜の参詣には忙しくて規則的に出席できなかったが、耕地キャンプで誰かが死ぬと、寂しさを感じ、葬式には出られなくても、自分たちの社会に僧侶をかかえておけるように寄付を申し出たりした。

たぶん、ハワイへ赴任した最初の僧侶は、東京の浄土宗、芝増上寺に設立されたハワイ宣教会の派遣したマツオ・ジョウテイ［松尾定諦］とオカベ・ガクオウ［岡部学応］だろう。オカベはハワイ島の岩の多いハマクア海岸沿いの耕地をひとつひとつ歩き回り、三千ドルの寄付を集め、一八九六年にホノカアの町にほど近いパアウハウの耕地に、日本仏教の布教によってできた最初の寺院とされるハマクア仏教会堂を建てた。

日本の本山の承認を得ずにハワイへ来ては、在留移民の間で仏教儀式を司り、寄付を集めると日本へ帰ってしまう僧侶もあった。真宗の僧侶カガヒ・ソウリュウ［曜日蒼龍］は、一八八九年にハワイに来た。その影響もあってか、熱心な仏教信者であるキムラ・サイジを中心にヒロの信者の間に寄付金を募った結果、一八八九年にヒロに真宗本派本願寺の布教所を建立することができた。

ヒロに本派本願寺の布教所が設立された二年後の一八九一年には、ヒロ日本人キリスト教連盟のオカベ・ジロウ牧師の指導により、日本人キリスト教会が建てられた。この二つの宗教間の競争はかなり激しいものだった。

日本からの僧侶の往来が激しくなるにつれてさまざまな問題が生じ、一八九七年、ついにホノルルにいた十六名の信徒有志は本山に次のような内容の嘆願書を送った。

当地ではキリスト教が優勢であります……われわれ仏教信徒はハワイにおける仏教の布教活動の成功を熱望しております。これまで本山の使僧と名乗る二、三の僧侶が当地へ渡航し来て、詐欺や瞞着など言うに忍びがたい悪行で信徒をだまし、逃げるようにしてハワイから姿をくらましてしまったのであります。われわれ二万のハワイ各島の在留移民同胞は、本山と僧侶との事情に無知であったばかりに、いく度となく不良の僧侶にだまされてまいりましたが、少しも本山と宗門とに恨みはなく、一日でも早く本山より真の使僧を派遣されることを待っております……

この嘆願に応えて、一八九九年二月二十一日、一時日本に帰っていたサトミ・ホウジ［里見法爾］開教総長が、開教使イマムラ・エミョウ、当時三十三歳を連れて、英国船ゲーリック号でハワイに戻ってきた。その後、イマムラはハワイの日本人社会において計り知れないほどの指導力を発揮することになる。

一八八七年に来たミヤマ・カンイチ牧師が見たように、ハワイはキリスト教徒にとってはよい土地だった。一八八八年には、総領事の安藤太郎と文子夫人、そして領事館員までもがキリスト教に入信した。キリスト教の盛んな地では、仏教徒は命の危険に脅えなければならなかったこともある。真宗本願寺派のミヤザキ・ヒセキ［宮崎匪石］開教使は、カウアイ島のリフエからコロアへの帰り道で、プエルトリコ人の一団に襲われた。エンプク・ジョウショウ［円福常照］開教使は、キリスト教の熱狂的な信者に煽動されたキリスト教青年会（ＹＭＣＡ）の青年たちを避けるため、オアフ島のワイパフとエワの間で砂糖きび畑に身を隠さなければならなかった。彼らはこの「異教の僧」に向かって石を投げたのである。

本派本願寺ハワイ別院

ハワイでは、耕主も実業家も政府の役人もキリスト教徒だったし、その中には宣教師の子孫も多かった。しかし、仏教は生きながらえ、イマムラ開教総長になってからは発展の一途をたどった。

開教使たちは葬儀を司り、経を読むばかりでなく、個人的にいろいろな仕事にたずさわった。例えば、字の書けない人の代書、見合結婚の仲介、日本領事館への出生や死亡届の提出、家庭争議や労使紛争の仲裁、婦人会や仏教青年会（ＹＭＢＡ）の組織作りなどもしたし、日曜学校の主事もつとめた。また、青年には武術、移民には英会話、簿記、市民権取得のための勉強も教えた。こうした仕事のほとんどを一人でこなすか、あるいは専門家の助けをかりて行ったのである。

初めの頃、開教使は耕地の小さな布教所の裏の粗末な家に住み、それぞれが遠く離れた耕地キャンプを五、六ヵ所受けもっていた。昼間は男も女も働いているので、受持ち区域をまわるのは夜でなければならなかった。布教所からキャンプへは馬で一時間以上もかかった。ときには温かい食事に呼ばれたり、一夜の宿を借りることもあったが、たいていは道路とは名ばかりの石だらけの道を一人で寂しく家路についた。あるときは来てみると、苦労して説教の準備をしてきたにもかかわらず、一人も説教を聴きに現れないという屈辱感を味わったこともあった。

しかし、年月がたつうちに、一ヵ月によくても十五ドルから二十ドルの稼ぎしかない日本人移民が、自分たちの宗教を広めるために何千ドルもの寄付を集めるようになった。また、耕主も仏教が不満をもった耕地労働者に好影響を与えることを知ると、寺の建立や維持に、土地や金銭を提供しはじめた。

一九〇〇年に真宗本派本願寺の開教総長に任命されたイマムラ・エミョウは、肉体労働の貴さを強調し、倹約と勤勉の徳をたたえ、博徒や嬪夫を軽蔑するのではなく、こうした者たちと接するには寛容さが大切であると説いた。実際、仏教の影響が大であったため、アメリカ合衆国労働委員会の一九〇二年の調査では、仏教の僧侶の影響は道徳的にも社会的にも好ましいものであると報告しており、仏教の布教が日本人移民の道徳心を高めた結果、「とうてい二十年前に来た人々と同じには思えないほどである」と、森六郎領事も述べている。

一八九八年のアメリカ合衆国によるハワイ併合と、官約移民制度の廃止にともない、日本人の多くが賃金の高いアメリカ本土へ転航した。五年間で四万人の日本人が本土へ移り、一九〇五年には二週間に五千人もがハワイを離れた。この流れを食い止めるために、ついに移民法案が連邦議会を通過し、日本人の移民が制限されることになった。こうした状況下ではなおのこと、耕地では労働者の家族意識と同族意識を高めるために、寺を支えて布教活動を強化する必要があった。仏教が同胞意識を高めたために、日本人社会の中では相互の信頼関係が深まり、社会的調和が生まれた。つまり、「恩」という概念が日本人社会の人間同士の結びつきを固め、子供は「恥」の意味を知って成長した。子供の恥は家族全員、果ては日本人社会全体の恥とされた。

2　日本語学校

ハワイの仏教が日本の本山に認められ、その援助が受けられるようになったことは、日本語学校の発展と切り離しては語ることができない。そもそも、日本でも昔、学校は寺子屋であった。

おそらく、最初の正規の日本語学校は、一八九六年四月に現在のヌアヌ組合教会の副牧師だったオクムラ・タキエが設立したものだろう。オクムラ牧師はエマ・ホールにあった幼稚園の一部屋を借りて日本語学校を開校すると、三十人の児童が入学した。公立学校の放課後に一日一時間、日本語の会話と読み書きを教えた。

しかし、すでにこれより以前の一八九五年に、農業と店屋を営むフクダという人が、マウイ島のクラに日本語学校を開いたと言われている。この学校の生徒の写真（五五頁）には、ポルトガル人の子供が二人写っている。この他に、初期の仏教の日本語学校としては、一八九八年にハワイ島の

オクムラ牧師の設立した日本人小学校

ヒロでカナヤス［金安三壽］開教使が始めたものと、一八九七年にハワイ島のコナでサトウ［佐藤行信］開教使が始めた本願寺小学校がある。一九〇〇年には同じ真宗のヤマダ・ショウイ［山田将為］開教使がカウアイ島ケアリアで布教場付属の寺子屋を始めた。ハワイ島のラウパホエホエとパアウハウでは浄土宗の二人の開教使が子供たちの個人教授をつとめた。一九〇〇年には日本語学校は十校、生徒数は千五百人だったが、一九一〇年には四十校、七千人に増え、一九一六年には百四十校、一万四千人に達した。

一九〇〇年に開教総長に任じられたイマムラ・エミョウは、仏教青年会を作り、日本人に英語を教える夜学を開いた。

一九〇二年にイマムラ総長がホノルルのフォート街に本願寺小学校を開設すると、キリスト教徒と仏教徒の間に対立が始まった。オクムラ牧師の学校の生徒数は、一夜にして二百人から七十人に減ってしまったのである。さらに、イマムラ総長は中等教育の総合的なカリキュラムを構想し

本願寺日本人小学校（1902年）

た。一九〇七年十月には男子のための、三年後には、女子のための中学校ができた。これらの学校では正規の学科のほかに、女子には生花、日本画、茶道、男子には武道、男子にも女子にも仏教の精神と日本の伝統的な価値観を教えていたため、本願寺の学校へ子供を通わせる親が多かった。僧侶の教師は生徒にたいして従順と尊敬を求めていたので、若者たちは親や年上の人にたいしても同様の尊敬を払うようになった。

このように、学校の創設には子供たちをキリスト教や仏教に導く目的もあった。一九〇〇年から一九一〇年の間に、ハワイ伝道会社もいくつかの学校を開校した。一九一〇年までに、メソジスト・エピスコパル伝道会は十校の通学制の学校を耕地に開校し、二百七十五人の生徒がいた。

本願寺ホノルル日曜学校中等科女子部

3　フジタニ・アイコ

一九〇七年に、本派本願寺はハワイの多くの島で活動する宗教、慈善、教育組織の一員となった。各島には寺が経営する多数の学校が散在したが、これらが互いに協力して、宗教および教育プログラムの統一をはかるために、ホノルルで会議が開かれた。

一九三五年には、本派本願寺はハワイに三十六の寺と二十八の学校をもっていた。浄土宗には十五、曹洞宗には七、日蓮宗には二、真言宗には二十七の寺があった。

耕地や僻地にある寺の経営する学校では、僧侶の妻はいろいろな役目を果たさなければならなかった。妻、母、精神的指導者、料理人、相談相手、仲介人、通訳、教師、それに養い親の役もした。フジタニ・アイコ［藤谷愛子］もその一人である。

アイコは四歳のとき、日本からハワイに移民し、両親はカウアイ島リフエにマッサージ師として落ち着いた。アイコの両親は娘によい教育を受けさせるために、ホノルルの本派本願寺のイマムラ総長に娘をあずけた。アイコはホノルルでロイヤル・グラマー・スクールへ通い、卒業と同時に、教師の免許が得られる師範学校へ進学した。

だが情けないことに、優等生として卒業し、教師の免許をもっていても、教職につけないことがわかった。アイコが外国人だという理由だった。当時のハワイの法律では、外国人は教職につけなかったのだ。しかし、アイコはひるまず学業を続け、フィリップ商業学校をおえて、一九一八年にハワイ高等女学校を卒業した。

その年アイコは、フジタニ・コウドウ〔藤谷晃道〕開教使と結婚した。二人はマウイ島ハイクに近いパウエラにある小さな布教所に赴任した。近くにはパイナップル畑や缶詰工場があり、この布教所は畑や工場で働く人々や、近所の公立学校で教えている教師たちの宗教、社交、教育活動の格好の場所となった。そこは、ちょうど今日のクラブ・ハウスのようなものだった。布教所でアイコは、僧侶の妻たちが自分の寺でするのと同じように、いろいろな役をこなさなければならなかった。

パウエラでは不幸な人々を救う機会が多かった。親元へ返せない非行少年はしばらくフジタニの家族のもとに置かれたし、その他に居候もいた。フジタニ家で過ごした多くの者の中で、最年少だったチエコという名の少女が一番長くいた。その兄のマサアキと姉のミツエは、自活できるように

マウイ島パウエラのパイナップル缶詰工場

なると、すぐにフジタニ家を出ていった。フジタニの娘の一人、テルコは思い出を語る。家には寝室が五部屋しかなかったので、寝る場所をとるのに自分で栽培した綿で作った敷布団を広げたことや、裏の畑からさつまいもを掘ってきて、日本式の風呂釜の熱い灰の中で焼いたことなどである。ほかほかの熱い焼きいもを、熱い風呂から上がって、涼しい田舎の星空の下で、仲間と一緒に食べたことは、フジタニ家で過ごしたことのある者には忘れられない思い出である。

布教所の地下室に住んでいたのは「スギハラじいさん」だった。以前はハイクの山腹で飼馬を友として一人暮らしをしていたが、ある日、馬にふり落とされて身体がきかなくなり、もとの仕事に戻れなくなったので、フジタニ家が引き取ったのである。スギハラじいさんは裏庭で野菜を作り、使い走りをして生計をたてていた。テルコは七歳から九歳の頃、じいさんによくいたずらしたのを覚えている。じいさんの作るトマトは特上で、土の中に埋めた添え木に支えられた太く力強い茎の上になっていた。毎日じいさんはトマトの熟れ具合を調べ、自分の作ったトマトをほめてもらえるだろうと思って、フジタニの家族にプレゼントするつもりだった。しかし、ある日、よそで働いているあいだに、子供たちが熟れたトマトを取って食べてしまった。じいさんはトマトがなくなっているのを見つけると、がっかりしてため息をついただけで、誰の仕業かわかっていても叱らなかった。

寺の活動は数えきれないほどあった。花祭のような特別行事の準備や予行演習は、日曜学校の後で行われた。毎年四月八日の花祭は、ハワイ仏教の全宗派が参加してカフルイの博覧会場で行われた。アイコは近所に住む父母と教師たちの全面的な協力によって、すばらしい衣装をつけた踊りや演劇などの革新的で独創的な舞台を演出した。

ある年、アイコと委員会はインド舞踊を上演することにした。日本語学校の教師がヒンズー教の踊りを習っていたので、子供たちに教えた。女たちはインドの衣装に似せたものを縫い上げ、サリやサッシュをつけると準備ができ上った。多くのグループによる和気あいあいとした競演の結果、アイコのグループが一位を獲得した。

またある年は、五十セントのハーモニカで演奏する楽団だった。何度も日曜日に、子供たちは寺の地下室で練習し、「指揮者」はストレスで髪をかきむしった。だが、当日になると、さっぱりした服装で、髪もきちんと分けた「バンド・メンバー」たちは、音を外すことなく演奏し、今度もまた優勝した。

別の年には、音楽に合わせた柔軟体操をしたが、この年もパウエラ本願寺日曜学校が優勝した。競争はよい動機になったが、優勝することより、計画を立て、練習し、参加して自信をつけることのほうが大切だった。みんなで一緒にやることによって、パウエラ本願寺やハイク小学校の近くに住んでいるほうぼうの村の子供たちは、「一つの家族」という意識を深めた。

アイコが青少年のために図書館を開いたのも、マウイ島パウエラだった。中央図書館はワイルクの町にあったので、ハイク地域の子供たちには遠すぎた。郡の図書館から本を借出す手続きをし、教師の一人が、たいていフジタニの一九二三年型のダッジで本を取りにいった。「覚えていますよ」と五十五年前の出来事を語る年寄りがいる。クリスチャンで、ホノルルのリバー街教会のバイブルウーマンだったスズキ・シゲの息子ジロウと、一九二九年からハイク小学校で教職についていた熱心な仏教徒のオオニシ・カツミである。二人は一緒に、よく教員宿舎から道の向かい側にあるフジタニの家のほうへ歩いて、風呂をもらいにいったという。「疲れた体や頭をいやすには、首までどっぷりつかる熱い風呂が一番だった」とオオニシは思い出す。

一九三五年、フジタニ師はハワイ大学に近いホノルルのモイリイリの西本願寺に転勤になった。アイコは日曜学校と青少年プログラムを指揮し、近島の学生、特にハワイ大学へ通う学生を収容するために作った寺の学生寮も管理した。

アイコは寺の活動ばかりでなく、地域社会の活動にも積極的だった。現在のモイリイリ・コミュニティー・センターの設立委員の一人となり、センターの発展のために多くの時間をさいた。第二

フジタニ・アイコの家族。夫コウドウ（左端）の右隣が後に本派本願寺の開教総長になった長男ヨシアキ

次世界大戦前とその最中には、モイリイリ地域の日系女性に国家の戦時体制へのボランティア活動を奨励し、実際にボランティアを自分で選抜し参加させた。モイリイリ・コミュニティー・センターのカウンシル・メンバーと密接に連絡をとった。その中には、議長のコンスタンス・バーンズ、アリス・ケアリーが含まれるが、二人はモイリイリ・クロスロード教会の教会員でもあった。またアイコは、クヒオ小学校が青少年の犯罪を防止するために夏季プログラムに宗教教育を採り入れたときにも助けとなった。

しかし、彼女にとって最も多忙な日々は、日本軍による真珠湾奇襲後、夫が突然収容所に送られてからだった。一九四二年五月二十三日、フジタニやその他多くの僧侶、教師、学校長、実業家、漁業関係者がアメリカ本土の法務省管轄下の収容所へ送られた。一九四二年五月から四五年十一月に夫が戻ってくるまで、アイコは寺を守り、すべての仏事を取り仕切った。非常時に、彼女は家族を守ったばかりでなく、年長の檀家たちとともに、仏教社会を守ったのだった。アイコの長男ヨシアキはアメリカ合衆国陸軍情報部の通訳班にいたが、ダグラス・マッカーサー将軍による占領下の日本で勤務を終えた後、一九四六年にハワイに戻った。

夫のいない三年の間、アイコは自分の恐れや不安を抑えて、夫が収容所に送られたり、息子をアフリカ、ヨーロッパ、太平洋諸島の戦場で亡くした婦人たちに、慰めのことばをかけなければならなかった。

フジタニ師が収容所から戻ってから、一九四八年八月二十六日にハワイ本派本願寺の開教総長に選ばれた。これ以前、総長は日本の本山が任命してきたが、戦後この伝統がなくなった。アイコは今や総長の妻であった。長年苦労し続けてきたのだから、これからは総長の妻として、楽に暮らす道を選ぶこともできただろう。

しかし、開教総長の妻となるとほとんど同時に、アイコは夢だった仏教寺院の経営する英語学校、つまり正規の学課と同時に道徳教育ができる学校の設立に向けて動き始めた。一九四九年一月二十九日、この夢が実現した。本願寺ミッション・スクールがまず夏季プログラムを開設し、秋学期から開校する認可を教育局から非公式にもらったからである。

最初は宗教教育が含まれるはずだったが、これはこの学校が他の公立や私立小学校と同等以上の教育を実施していることが証明されるまで、四年間延期された。現在は、仕事をもった親のための保育園と、幼稚園児から小学六年児までの子供を収容する学園として栄えている。

一九五二年、アイコは寺の英語を話す女性の会、ウパシカ婦人会を結成した。「ウパシカ」とは「在家の仏教徒の女性」という意味のサンスクリット語である。この会の目標は、会員の親睦を深め、仏教精神を高め、寺の行う各種活動を支援し、地域の活動やプロジェクトに参加することだった。

フジタニ開教総長の任期は一九五三年に切れたが、マウイ島ワイルクへ再赴任の後、一九五九年に引退した。フジタニ家はホノルルに戻り、アイコは一九六五年に六十三歳で亡くなった。八人の子供を残したが、そのうちの一人、長男のヨシアキが後に本派本願寺の総長になった。

フジタニ・アイコの社会への貢献度の大きさや広さを測るのは容易ではない。おそらく、一九四五年七月二日付のアリス・E・キャリーがアイコに宛てた次の手紙が、そのことを一番よく言い表しているだろう。

……お礼を申し上げたいことはたくさんありますが、まず何よりもあなたの美しいお心と、ご自分の悲しみを忘れて、あなたを必要としたまわりの人々に温かい救いの手を差しのべられたことにたいして感謝したいと思います。

アイコをはじめ、数え切れないほどの開教使の妻たちが、宗派の別なく、日常生活の中にいろいろな教えを残すことによって、ハワイの歴史にその足跡を残した。彼女たちは、一緒に働く人に、温かく、親しく、愛情をもって接した。寺の経営する学校の教師だったスズキ・ジロウやオオニシ・カツミが、近くの墓地で鳴くこおろぎの声を聞きながら、月の光の下で風呂釜の灰で焼いた焼きいもを仲間と食べたことを今でも覚えているのは、そのためかもしれない。たぶん、これはフジタニのような家族だけが与えられるよき思い出なのかもしれない。説教ばかりでなく、背中をたたいて慰めてもくれたし、日曜学校の教育ばかりでなく、図書館のおとぎばなしの本も、近くには人生の無常を思い起こさせる墓石があったけれども、笑いと生きる力も与えてくれた。

フジタニの家族は、若者も年寄りも、キリスト教徒も仏教徒も、健康な者も障害のある者も、同じように受け入れて愛した。信者として、友人として、自分たちの「子供」として人々を愛していたので、心配し、分かちあう「親」の役目を果たしたのである。

第七章　闘士の妻

1　フレッド・マキノ

一八七五年の日本では、外国人の姿を通りで見かけることはほとんどなかった。一八五三年と翌年の二度にわたり、アメリカ合衆国海軍のマシュー・ガルブレイス・ペリー提督が軍艦を率いて日本の海に現れ、幕府に開港と通商を迫ったのはそれよりわずか二十年程前のことだった。当時の日本人は「毛深い」外国人を、横目でめずらしそうに眺め、好意を示すことはなかった。外国人との結婚や商売以上の関係などは考えもおよばなかったのである。

しかし、背が高くハンサムな英国人絹商人ジョセフ・ヒギンボソムは、横浜で若い日本娘キンに出会い、結婚した。一八七七年八月二十八日に、二人の間に二番目の子供が生まれたが、この子が五歳のときにヒギンボソムが死んだ。子供は育つにつれて、自尊心が強く、勝ち気でハンサムな青年になった。母親の苗字をとって、フレッド・キンザブロウ・マキノ［牧野金三郎］と名乗った。

日本にいた頃のフレッド・キンザブロウ・マキノ

フレッドは幸せで気楽な青年時代を過ごし、茶屋通いをして一流の芸者から唄や踊りを習ったと言われている。母親は息子がハワイの外国人の中で暮らしたほうがよいのではと考え、ハワイ島ナアレフ耕地で小さな店をやっていたフレッドの実の兄ジョウ［譲］のところへやる決心をした。

一八九九年四月にハワイに着いたとき、フレッドは二十二歳だった。兄の店で働こうとしたが、仕事がおもしろくなかったので、コナ砂糖会社やホノカア耕地会社で事務の仕事についた。しかし、フレッドにはこの仕事も退屈で向いていなかった。一九〇〇年当時、事務員は誰もが望む仕事であり、日本人にはすぐ手に入るものではないことをフレッドは知らなかった。フレッド・マキノは頭がよく、魅力的な青年で、白人としても十分に通ったので、みんなが欲しがる仕事でも容易に得ることができたのである。

このような幸運と機会に感謝もせず、一九〇一年に二十四歳のフレッドは、ハワイ島を出てホノルルに渡り、ヌアヌ街とホテル街の角にドラッグストアの牧野薬店を開いた。

フレッドはここで、丸い目のほっそりとした若い日本人の娘を見初めた。一八八五年の第一回官約移民船シティ・オブ・トウキョウ号でハワイへ移民し、店をやっていたオカムラという人の娘である。一九〇三年四月七日、フレッド・マキノはまだ十五歳にもならないミチエ・オカムラと結婚した。

2　労働争議とマキノ

ミチエ。十四歳でフレッド・キンザブロウと結婚した

二年後の一九〇五年五月、ミチエはまだ十六歳だった。マノアの農場でぶたの世話をしていたとき、耕地の二千二百二十五人の工場労働者のうち、千五百人以上の日本人が、マウイ島ラハイナのパイオニア工場でストライキに入ったという報せを聞いた。ストライキは、ルナの殴打によって、労働者の片目が潰れたことに端を発していた。怒った仲間の労働者たちは、ルナとその他四人を解雇

し、住居と衛生設備を改善するよう要求した。耕主を支援するため、ジョージ・R・カーター知事は戦闘装備の特別警察と保安隊を蒸気船キナウ号に乗せてホノルルからマウイ島に送ったが、ラハイナに到着したときは、すでに町は平静を取り戻していた。日本領事や土地の有力者が労働者の説得にあたったからである。

ルナが二人解雇され、わずかばかりの要求が通った。ミチエはまだ若かったが、夫が新聞の記事を読んで怒り、何か新しいことを思いついて目を輝やかしているのに気づいていた。夫の行動は、たとえそれがぶたに餌をやっているときでも、エネルギーにあふれているように見えた。

それからわずか四ヵ月後に、同じ千五百人の労働者が、日給十五セントの値上げと、従来の十時間労働を八時間に短縮するよう要求して、ふたたびストライキに入ったが、失敗に終わった。

一九〇六年には、千人の耕地労働者が、日給一ドル、月給二十六ドルを要求して、ハワイ島のオノメアでストライキに入った。このときもまた、労働者側の負けだった。耕主や耕地支配人はハワイ耕主組合を通して固く結束していたため、その力にかなうものはなかった。当時、日本人労働者は組合のような組織力をもっていなかった。しかし、耕主組合の幹部は耕地支配人にたいして、日本人労働者や中国人労働者を一八八五年から一九〇〇年の官約移民の時代と同様に扱うべきではないという、次のような警告を出していた。

過去、われわれは中国人や日本人を人間というより動物のように扱ってきたが、今日ではもうそれは不可能である。日本人は非常に礼儀正しい国民であるが、非人間的な扱いを受け容れるとは思われない。怠け者には一歩たりとも譲歩すべきではないが、十年前と同じ厳しさでのぞむのは好ましくないだろう。

『ハワイアン・ガゼット』は、五月六日の社説で次のように述べている。

耕地のルナたちは、自分たちが扱っているのは奴隷や劣等民族ではなく、世界において対等の権利を主張する力強く、誇り高い国民であることを覚えておく必要がある。ルナとして働く人間には、冷静な判断力と温情が欠けているものが多い。

日清、日露の二つの戦争における勝利が、耕地で働く日本人労働者の自尊心を高め、強国日本の国民であるという理由から、奴隷のように扱われるのを拒んだのである。

一九〇九年の日本人労働者による闘争は、虐待や契約違反に抗議したものではなく、同等の労働にたいする同等の賃金の要求だった。ポルトガル人は一ヵ月に十九ドル五十三セント、中国人は十七ドル六十一セントだが、日本人はたった十五ドル五十八セントだった。耕主は、日本人は生活水準が低いので、他の民族より金がかからないと反論した。この発言は、乏しい食料を補うため、夜暗くなってから自分の畑で野菜を作っていた日本人たちの「傷口をえぐる」ような侮辱だった。

フレッド・マキノは、他の多くのマノア谷の住民と同様に、ぶたを飼っていたが、養豚業者にも組合が必要であることに気づき、養豚組合を作って組合長に選ばれた。彼は数が多ければ、強みがあることを悟った。砂糖きび耕地のストライキから、耕地だけでなく、地域社会でも同胞相互の協力が必要であることがわかり、マキノは仲間の二十人とともに、労働者の連携、賃金、士気などについて語り合った。それまでに千百二十五件の労働争議があり、労働者たちは経営管理側にたいして力をぶつけた。これは日本人労働者だけでなく、中国人、朝鮮人、ポルトガル人、プエルトリコ人の労働者も同様だった。耕地支配人は、要求を聞き入れても、またストライキが起こることを知っていたから、労働者側が成功することはほとんどなかった。

一九〇九年五月九日、オアフ島の砂糖きび耕地で七千人の日本人労働者がストライキに入ったとき、マキノと仲間たちには、覚悟も組織もできていた。しかし、労働者側が勝つ見込みはほとんどなかった。増給期成会を組織し、賃金上の人種差別の撤廃と、同等の労働にたいしては同等の賃金を支払うことを主な要求としたが、これは妥当な要求なので、日本人社会もストライキに同情し、協力を約束した。

ストライキに関する大集会が劇場を借りて開かれると、千七百人の労働者が参加し、会場は人であふれた。増給期成会本部会長フレッド・マキノ、弁護士ネゴロ・モトユキ［根来源之］、『日布時事』社長兼主筆ソウガ・ヤスタロウ、同社新聞記者タサカ・ヨウキチ［田坂養吉］、期成会会計ヤマシロ・マツタロウ［山城松太郎］など指導者たちは、耕主側が労働者の要求に応じないことを知りな

ヌアヌ・パリの山峡

から、一ヵ月二十二ドル五十セントを提案した。日本語新聞の『ハワイ新報』と『ハワイ日日』が耕主側についたにもかかわらず、まるで誰かが魔法をかけたかのように、日本人社会は一体となって労働者を支援した。

耕主の中には、労働者にふさわしい賃金を支払って、ストライキを終わらせたいと思うものもあったが、自分たちが、外国人労働者によって支配されているように見えるかもしれないと、要求の受け入れを躊躇するものもあった。

ストライキによって親戚や友人の仲が割れたり、ストライキに参加する家族と、しない家族ができた。なかには仲間を経済的に助けるために、意図的にストライキに参加しないものもあった。

労働者側は、ストライキ開始を雇用主側に通知してから、家の立ち退きを言い渡されると、身の回りのものをまとめ、家や構内を掃除してからキャンプを立ち去った。

ワイパフとエワからはホノルル行きの電車があったが、カフクからは何の便もなかった。母親は赤ん坊を背負い、幼い子供の手をしっかりと握って遠い道のりを歩いた。暗くなると、道端に並んで眠った。男たちはホノルルで仕事があるかどうか心配だったし、女たちは屋根の下で眠れるところがあるかどうか、子供が学校を続けられるかどうか心配だった。

翌朝、残りの道のりを歩いた。ヌアヌ・パリの狭い険しい山道を登り、ホノルルの町に入った。町に着いても、先のことはやはりわからなかった。足を引きずり、赤ん坊を背負い、衣類や鍋釜をさげてやってくる何万もの同胞を、どうして食べさせられるかという不安がホノルルの日本人の間に広まった。

ストライキを理由に耕地キャンプから立ち退きを言い渡された人々を、ホノルルのパラマ、カカアコ、モイリイリの各所に収容し、食べさせるように手配するのは大変な仕事だった。食料を調達し、調理し、日に三度、車で各家族に配った。十人分の食事を用意する家庭もあった。団体の炊出し所では何百人分もの食事を用意した。何日も、何ヵ月も、何千人もの人々を食べさせていかなければならなかった。これが五月初旬から八月初旬まで続いた。

交渉が進み、ストライキに参加した人々が一ヵ月以内に帰っていった耕地もあった。交渉に応じない耕地では、ストライキ中にホノルルで工員、大工、ペンキ屋、日本人が経営する会社の事務などの仕事を見つける人々が増えはじめ、労働力を失った耕地側は敗北した。ストライキが終わった後、こうした仕事をして、新しい経験を得た耕地労働者は、ホノルルに残留してしまったからである。

ストライキを指導した四人、マキノ、ネゴロ、ソウガ、タサカは「耕地を疲弊させようとした」罪に問われ、裁判のすえ、オアフ刑務所に投獄された。

マキノが投獄されると、友人たちが面会に来て、食物を差し入れた。だが、妻のミチエが刑務所へ面会に行くと、夫は会うのを拒んだ。二十歳そこそこのミチエが、夫の友人を通して、どんなに懇願してもだめだった。「囚人の自分など見せられるものか。差し入れの食物はうまかったとだけ伝えてくれ」とマキノは言ったという。白人の顔はしていても、日本人として育てられた彼は、「愛していると妻に伝えてくれ」とは言わなかった。

オアフ島砂糖きび耕地のストライキを指揮して投獄された四人。前列左から、タサカ・ヨウキチ、ソウガ・ヤスタロウ、後列左から、ネゴロ・モトユキ、フレッド・マキノ

投獄された男たちは入所から四ヵ月足らずで、モットスミス知事代理の特赦で出獄した。それ以来、マキノ、ネゴロ、ソウガ、タサカの名を知らない者はいなくなった。

かつてマキノは、いわゆる茶屋通いのプレーボーイだったが、獄中で考える時間があり、新聞社主筆のソウガ、新聞記者のタサカ、弁護士のネゴロと親しくなって、世界観が変わり、後にハワイで新しい役割を果たすことになるのである。そのためには、恐れず、忍耐強く、攻撃的で、相手にまさる才知をそなえることが必要だった。

四人が逮捕された一九〇九年六月十日、高等保安官がマキノが経営するドラッグストアに証拠押収に入り、ストライキの「記録」や「秘密書類」を没収しようとダイナマイトで金庫を爆破した。これにたいして、マキノは大胆にも損害を受けた事実と官憲の違憲行為にたいして耕主たちを告訴した。友人たちは、この訴訟はハワイではたぶん勝目がないだろうと忠告した。耕主は政府高官と親しかったし、力がありすぎた。だが、マキノは訴訟を取り下げなかった。両者の長い法廷闘争は勝敗がつかず、示談で解決することになった。

3 『ハワイ報知』の発行

マキノが新聞の発行を決意したのはストライキの後だった。一九一二年十二月七日の創刊号で、マキノは次のように書いている。

ハワイ報知は日刊の日本字新聞にして、ハワイ全県［准州］下に在留する日本人の利権を伸展せんがためには全力を傾注するを辞せざるなり。

日本人街を通過するストライキのデモ行進（1920年）

……………わがハワイ報知は耕主より保護金の恩典を受くるものにあらず、またいずれの日本人団体の機関紙にもあらざれば、その立場は自由なり。されば、吾人は将来突発すべきいかなる問題に対するも不偏不党、独立不羈、言論の公平と自由とをもって読者にまみえんとす。

こうして意志の強く、頭の回転の早いハッパハオレ（白人混血児）は、チャレンジの味を知り、耕地会社側がたてた最高の弁護士とも知力で互角に戦えることを知り、自分の野心に次々と挑戦していった。後にミチヨは、「夫は闘士でした。恵まれない人々のために戦うことに信念をもっていました。弱者の味方だったのです」と語っている。マキノはドン・キホーテになって、人種の区別なく、人権のために戦った。

またストライキが起こった。この一九二〇年のストライキは彼の闘志を試すものとなった。ストライキにはフィリピン人二千人、日本人四千三十九人が参加し、二千六百三十四人の妻と三千八百五十六人の子供が住居から追い立てられた。その結果、住居と食料と衛生施設がまたしても重大問題となった。

アアラ公園からアラパイ通りまで続く大デモ行進がキング街で行われた。大人も子供も、「一日七十七セントでは暮らせない。アメリカ人のように生活したいけど、一日七十七セントではとても無理。マイ・パパは日に七十七セント、マイ・ママは日に五十八セント」と書いたプラカードを掲げていた。

実は、マキノは耕地労働者は十分な手当をもらっていると思い、このストライキを支援しなかった。労働組合のボスたちが労働組合を組織し、余興や娯楽に何千ドルもの組合費を乱費していると聞いていたからである。それに、ストライキの戦略が決められて一時間もすると、それが耕地経営者側に漏れてしまった。マキノは何か「臭い」と言った。労働組合の司令部はマキノを労働者の敵と呼び、労働者の結束を乱そうと企んでいると非難した。

ストライキは失敗に終わり、労働者側も経営者側も財政的に大きな損害をこうむった。だが、賃金は上がり、住居や水道も改善された。千世帯以上の家族がストライキ中に仕事についたり、小さな店を出したりして、そのままホノルルに残った。

マキノの妻ミチエは、後になって次のように語っている。「マキノとの生活は、結婚以来、波瀾の連続でした。薬店の経営、養豚、第一回砂糖きび耕地労働者ストライキの指揮、それに続く投獄と官憲の圧迫、夫の投獄中の生活の苦労。そして、一九一二年には、在留日本人の権利を守るための新聞『ハワイ報知』の発刊でした」

「経済的に困ると、夫は新聞用紙を買うためによくぶたを売りましたから、新聞紙がぶたに見えるぞと言ったものです」

　ある時ミチエは、どうしても必要なタイプライターも買えないほど、夫が困っているのを知った。夫が信頼している部下とどうしたらタイプが手に入るかと話し合っているのを、台所にいて聞いてしまったのである。ミチエは両親がハワイを離れ日本へ戻るときに、まさかのときの用意にと、内緒で残しておいてくれた預金を引き出して夫に渡した。

　マキノは驚いて金の出所をたずねたが、ミチエが説明すると、ただ「そうか」とだけ言った。大袈裟な感謝の言葉は口にしなかったが、それからというものは、借金取りが会社に居座っていようと、社員の給料が遅れようと、妻の両親の存命中は月々の送金をおこたらなかった。ミチエには不言実行ということがよくわかっていた。夫はこうして苦境を救ってくれた妻に感謝を表していたのである。

4　日本語学校存続闘争

ハワイ教育史は、立川女学校のタチカワ・サエ〔立川冴子〕、ワヒアワ日本語学校のタナカ・ハル

［田中ハル］、パラマ学院のミズカミ・シナヨ、フォート学院のミヤサカ・キヌ、ハワイ島コナのハヤシ・マツ［林マツ］のような女性を抜きにしては語れない。彼女たちに関する文献は多い。

これらの女性たちの長年にわたる仕事の基盤を築いたのが、マキノによる長い戦いであった。資金不足、政治的排斥、財政的圧迫、耕地と政府の圧力にもマキノはめげなかった。一世や二世がおおっぴらに彼を支援するのを恐れて逃げ出すなかで、ハワイ准州政府を相手に巧妙に戦った。

第一次世界大戦前の時代、ハワイの日本人は天皇誕生日であった十一月三日の天長節を祝っていた。その日が何曜日であろうと変わらなかった。両親は子供に公立学校を休ませ、家族そろって日本人学校で行われる教育勅語の奉読や、国歌「君が代」の斉唱などの行事に参加した。

この日は、額に入った明治天皇の御真影の幕を開け、集まった児童父兄に向かってではなく、天皇の写真に向かって勅語を奉読する厳粛な祝賀式が挙行された。この数分間、子供たちはだれも話すものはいなかった。このような畏敬が愛国心といえるかどうかは疑問だが、この日は親が子供に英語で教える公立学校を欠席させるために多くの教師を怒らせ、日本人学校は日本への愛国心を教えるのに積極的すぎるという非難があった。

第一次世界大戦後のアメリカでは、外国語学校にたいする反対の気運が強く、一九二〇年には、連邦政府の調査委員会が、ハワイ准州政府にたいして外国語学校の即時全面廃止を勧告した。これを受けた州の教育局は、もし外国語教育が必要である場合は、英語の検定試験に合格し、アメリカの歴史、政治、民主主義の思想と制度に通じた、准州の教育局に雇用された教師が、正規の授業後に、クラスを指導するよう提案した。

一九二〇年の臨時州議会で、「何人も准州教育局の許可なしに、ハワイ准州内で外国語を教授し、外国語学校を経営してはならない」という主旨の法令三十号が通過した。また一九二三年と二五年にも日本語学校の活動を阻止するための取締法案がいくつか通ったが、日系社会を最も怒らせたのは、外国語学校に課せられた児童一人あたり一ドルの人頭税で、これを怠ったものは民法上だけでなく、刑法上の罪となるという法律であった。また、ハワイ准州は日本人学校の幼稚園から第二学年までの学級を初年度に廃止し、次に第三学年と第四学年を順次廃止することを決定したが、これは日本人学校の消滅につながる恐れがあった。

日本人学校を存続させるためには、ハワイ政府を相手に訴訟に踏切るより他の方法はなかったが、これは日頃おとなしい日本人にとっては過激すぎる行動であった。提訴を主張し、日本語学校の生き残りをかけて、陣頭に立って戦っているフレッド・マキノにたいして、激しい憎悪と軽蔑の目が向けられた。校長や教師、はては訴訟に加わった父兄や児童までもが、ハワイ政府の報復を受けるのではないかと恐れたのにくわえ、破産に追い込まれたり、脅迫を受ける可能性もあり、校長の誰一人として率先して提訴に踏切るものはなく、マキノは孤立してただ待つだけだった。

しかし、一九二二年十二月二十八日、パラマ日本語学校の校長オオハマ・フトシ［大浜太］が、勇敢にも提訴に必要な書類に署名した。彼が最初の貴重な一歩を踏み出したのには理由があった。一九一七年六月十二日にオオハマが初めてホノルルに着いたとき、呼び寄せ教員のオオハマと二人の日本語学校の教師が入国を拒否され、移民局に収容された。新移民法が二週間前に成立したばかりで、それによると、入国できるのは妻子、夫がすでにハワイに来ている写真花嫁、および商用にかぎられるという。教師は新移民とみなされたため、入国できなかったのである。

オオハマはホノルルの法廷で仮入国の申請をしたが、だめだったので控訴した。サンフランシスコの第九控訴院が、「特別な訓練を受けた語学教師はふつうの移民ではない」という判断を示したにもかかわらず、ハワイ准州政府と移民局は連邦最高裁判所に上訴した。その結果、控訴院の判決が支持され、入国許可の判決が出た。この法廷闘争は一九二二年から二五年まで三年間も続いた。オオハマは自分のために、新聞紙上で論陣を張って戦ってくれたフレッド・マキノのことを決して忘れていなかった。

主筆マキノにたいする恩返しのため、オオハマは日本人学校閉鎖阻止の訴訟をハワイ政府を相手にして行ったのである。これをきっかけとして他の学校や校長も続き、ついに千四十六校ある日本語学校のうち、八十八校の共同提訴となった。親が住んでいる国の言葉や文化ばかりでなく、親たちの母国の言葉と文化を子供たちに学ばせる、アメリカ合衆国憲法で保障された権利を守るための戦いだった。日本語学校存続のための闘争は、七年にもわたる長く険しいものだった。特にマキノは、さまざまな障害と財政的圧迫の中で、正義を求めて、ほとんど独力で戦い続けた。新聞用紙が、つけでも、現金でも手に入らないことがあった。社員の給料はよく遅れたが、全員が我慢して『ハワイ報知』を刊行し続け、サンフランシスコやワシントンで行われている訴訟の経過を読者に伝え

日本語学校の存続をかけた試訴の経過を説明するマキノ。右から三人目

た。

訴訟は最初、連邦地方法廷で争われ、日本人学校存続の権利が認められた。ハワイ政府はサンフランシスコ第九控訴院に上訴したが、ふたたび日本人学校に有利な判決が下り、ついに連邦最高裁判所で争うことになった。希望はあったが、資金は底をついていた。最高裁判所の判決は「私学は私費で運営されているのであり、その管理運営は経営者の権利である。子供を教育する親の権利に何人も干渉することはできない」という主旨のものだった。

一九二七年二月二十一日に下された判決によると、この法は人種にかかわりなく、アメリカのすべての住民に適用され、外国語取締法が行われていた他の二十一州でも、ドイツ語、イタリア語、スペイン語などの外国語学校の存続が決まった。州のさまざまな規則や規制が違憲であると裁定され、無効ということになった。当時ハワイは准州にすぎなかったが、

日本へ旅立つミチエ・マキノ

マキノの指揮の下で、子供たちのための外国語学校存続の道をアメリカ合衆国の他の州に先きがけて開いたことになる。一九二七年三月二十九日に、五千人の聴衆を集めて、勝訴の大祝賀会が開かれたが、マキノは沈んでいた。財布は空で蓄えはなく、社員の給料も支払えなかったり、遅れたりしていた。妻のミチエは、毎晩わずか数時間しか眠らない夫を眺めて暮らした七年間で疲れ果てて、青白い顔をしていた。

勝訴になると、寄付が集まったが、長く、つらい、孤独な七年間だった。憎しみと、敵意と、官憲の悪意に取り巻かれ、絶えず用心する必要があったため、マキノは話す言葉、印刷する言葉の一言一句に、細心の注意を払ってきた。日本語学校の価値は、第二次世界大戦中に大いに見直されることになった。日本語の知識をもった若い二世たちが、検閲官や通訳官としてアメリカ国家に貢献し、特に情報分野では重大な働きをした。彼らが日本との戦争を二年は短くし、何千人ものアメリカ人同胞の命を救ったと言われている。

勝訴の後で、マキノはやっと妻のミチエと向き合い、話し合う時間がもてた。一九〇三年四月七日、十四歳九ヵ月でこの背の高い、気の強い、エネルギッシュな白人との混血男性に嫁いだミチエは、夫がどんな決断をしようと、人々のためになることだと信じて、夫を支え協力した。

第七章　闘士の妻

マキノは、おそらく妻の支えなしでも、成功していただろう。しかし、戦いの中で彼を支えてくれたのは、妻のミチエだった。ミチエは性格がやさしく、品性が高く、いつも励ましの言葉を惜しまず、たとえ食物にこと欠いても何一つ不平を言わなかった。物静かなこの女性には、鋼のような強靱な力がそなわっていた。

第八章　女性の教育者たち

移民当初のハワイでは、小学校をのぞいて若者が教育を受ける機会はあまりなかった。当時の小学校は八学年まであった。耕地労働者の子供たちは、そのころ徐々に普及し始めてきた教育制度の中に足場を築くために、苦労しなければならなかった。親たちは、細々とした根気強い戦いを繰返し、経済的にも、精神的にも、犠牲を強いられた。しかし、戦いの目的ははっきりしていた。自分たちの子供には、言葉のよく通じない異国の地で差別に耐えて生きていた初期の移民より、よい教育を与え、よい生活をさせてやりたいという願いだった。

1　マッキンレー・ハイスクール

一八六五年、男女に分けられた四十人の学生が、ホノルルのフォート街にある教会の地下室に集められた。この年はアメリカ本土でリンカーン大統領が暗殺された年で、「元年者」といわれた日本人百五十三人がハワイに移民する三年前のことである。生徒たちの教師はベックウィズ牧師、学校の名はフォート・ストリート・イングリッシュ・デイスクールである。

この学校の運営は、一八六九年にハワイ王国政府の手に移り、フォート街とスクール街の角に校舎を移した。小学校だったが、カリキュラムには代数、幾何、ラテン語、英語、フランス語も含まれていた。

一八八四年に、マリオン・マッカレル・スコットが校長になった。スコットは十年間日本に住んだ経験があり、明治政府の要請で近代師範学校制度を創設した人物である。この学校では、しだいに中等学校の教科も加わり、四年間でハワイの一流校の一つに数えられるようになった。学生数は二百八十一人に増え、月謝は五十セントだった。

児童数が増加し、もっと広い場所が必要になったので、一八九五年にふたたびエマ街とバインヤード街の角に移り、その後十三年間この場所にあった。現在セントラル・インタミディエイト・スクールのあるこの場所には、昔ルース王女の宮殿があった。宮殿は一八八一年建造の三階建で、八万九千ドルの工費をかけたものだったが、ルース王女はほとんど使わなかった。王女の死後、カメハメハ・スクールに宮殿を寄贈するという遺言のあることがわかった。チャールズ・ビショップ経営のカメハメハ・スクールは、この土地と建物を教育目的に使用するという条件付で、政府に三万ドルで売却した。学校はホノルル・ハイスクールと改名された。

ハワイがアメリカ合衆国に併合された後、一八九九年五月十八日に、授業料は無料になった。ホノルル・ハイスクールがさらにマッキンレー・ハイスクールと改名されたのは、マッキンレー大統領が暗殺された後のことである。この決定は初代の准州知事サンフォード・ドールによって任命された九人委員会によるものである。委員には、カワナナコア、クック、マキャンドレス、ウェスターベルトなどの名が並び、ドール知事自身も入っていた。日系人の委員もいた。一八六八年に十九歳で、八ヵ月の身重でハワイに来たオザワ・トミの娘、イトコの夫であるイマニシ・ケンジである。

一九一九年にマッキンレー・ハイスクールはキング街とペンサコラ街の角に移り、現在もここにある。当時、近辺にはココナッツの林や、すいれん池のある裕福なウォード農園があり、一九三二年以後は、日本の城を型どった組合派のマキキ聖城教会がそびえている。

一九一一年の卒業生名簿には、二人の日本人の名が見られる。トモゾウ・イマイとヤキチ・クツナイである。翌年の二十九人の卒業生の中には、ヒロコ・ミヤハラという女性を含む六人の日系二世がいる。一九一三年の二十六人の卒業生の中に日系二世は一人もいないが、一九一五年には四人もいる。一九一七年には、さらに二人の女子が卒業した。ヤエコ・モリナガとヒサシ・ツチヤマである。

ヒロコ・ミヤハラ

女子にとって、高校へ進学することさえ飛躍であったのに、大学を卒業して、州の教育行政の意思決定にたずさわる者も出てきた。特にこれがわずか一世代のうちに成し遂げられたことを思えば、一大飛躍である。今世紀後半には、多くの日系二世が教育のさまざまな分野で、指導者として活躍するようになった。

一九七〇年代には、職業教育プログラムの支持者で、推進者であるエミコ・クドウがいる。このプログラムを担当したクドウは、男女を問わず、誰もがさまざまな職業にたいする知識と誇りをもつべきであると信じていた。配管工も修理工も、社会が必要とする技術を提供し、貢献しているのだから、大学教授や医師と同様に、高く評価されるべきであると考え、州教育局やハワイ大学の同僚とともにプログラムを開発し、こうした職業が尊重されるように努力した。

ハッコ・カワハラ博士は、後に州の教育委員会のメンバーに選ばれたが、長い間、特殊教育部門の長をつとめた。カワハラ博士は、予算を調達し、身体や情緒に障害のある児童や、学習障害児、英語に問題のある移民したばかりの児童を教育する、特別に訓練を受けた教師の養成にあたった。

2 マーガレット・オダ

マーガレット・オダ博士は、一教師から出発して、校長に昇進し、さらに、州教育局の一般教育部門の長になった。後に、ハワイの七学区の中でも最大のホノルル学区の教育長に任命され、ついに、総数二百三十一校、十六万五千人以上の学生をかかえるハワイ全土の学校制度を統括する副教育局長に任命された。

マーガレットはハワイ島ハカラウのワイレア耕地の生まれである。父親はその土地で最初にできた唯一の独立した精糖工場、ワイレア・ミリング・カンパニーの創業発展に貢献した人物で、日本人社会の尊敬を集めていた。父親が馬に乗って通ると、みんなが深々とお辞儀をした。マーガレットも他の子供たちと同じようによく頭を下げたが、家で自分にあまい父親になぜそうしなければならないのかわからなかった。

マーガレットの父はワイレアの日本語学校の校長を八年務め、ハカラウの浄土真宗の寺院の建立にも尽力した。

家族は信仰心が厚かった。「毎晩、仏壇の前に集まり、お経を唱えたものよ」と、マーガレットは思い出を語る。「いつもは、『モロモロ　ノ　ジョギョウ　ザッシュ　ジリキ　ノ　ココロ　ヲ　フリステテ　イッシンニ　アミダ　ニョライ……』で始まるお経で、特別の日には、サンスクリットのお経をあげました。『キミョウ　ムリョウ　ジンニョライ　ナム　フカ　シンギコウ……』と。父は日本人学校や寺や社会にかかわっていたので、第二次世界大戦の初めの頃は、何度か徹底的に調べられ、尋問されましたが、カペラス氏の証言や、当時のヒロの有力者たちのおかげで、本土の強制収容所に抑留されずにすみました」

マーガレット・オダ

マーガレットの父親は教育の重要性を強調した。「財産は残してやれないと言っていましたが、教育を受ける機会を与えてくれました。金はなくなることがあるが、教育は一生残る。教育は自己啓発に役立つというのが、父の言でした」

マーガレットは、ハワイ大学に通っているときに、内科医になりたいという強い願望をもっていたが、献身的な医者になるつもりなら、独身で過ごす覚悟が必要だと両親は忠告した。「医者の仕事というのは、一日中休みなく働くことであるが、女は妻であり、母であり、主婦であって、このうちのどれ一つをとっても、社会が頼りにする医師であるためとはいえ犠牲にはできない。患者にたいして責任をもつことが医師としては何よりもまず大事だから、そのためにはすべてを犠牲にしなければならなくなる」というのである。

マーガレットはすでにグレン・オダとめぐり会っていた。グレンと生涯をともにし、ともに成長し、夢を分かち合い、慰め合い、喜びをともにすること以上に大切なことは何もないと思った。マーガレットの心は決まっていた。結婚して、二人はともにミシガン州立大学へ進み、そこでグレンは工学を修め、ハワイに戻って父親の建設会社に入った。数学の修士号をもつマーガレットは教職についた。二人で設計して建てた家には手入れの行きとどいた庭があり、つつじ、つばき、ゆり、しだが植えられ、繊細なレースのような苔が輸入物の石に生えている。ここは二人が過密スケジュールに追われて倒れそうになったときに、逃げてくる安息所でもあった。

ハワイ大学で教育学博士号を受けた最初の教育家であるマーガレットは、地域社会の若者を教育することが、アメリカ国家に発展と繁栄をもたらす最大の投資であると信じている。適切な教育を受ければ、どんな若者にも学ぶ能力がある、というのが彼女の教育哲学である。したがって、学校は生徒の学習能力に大いに期待をもって、学習の目的と行動をはっきりと示すべきであるという。

児童教育にあたっては、一つ一つの段階が重要であると、彼女は考えている。幼年期には、読むこと、計算することを初めて学び、十代前半には、成功や失敗を通して自己の価値を現す。そして青年期の初めに、具体的観念から抽象的観念へと進み、青年になって、人生観や自己の目標が明らかになる。

マーガレットの公立学校教育にたいする功績の一つに、生徒が何を学ぶべきかというアウトラインを示す基礎学科プログラムの開発がある。マーガレットは教師や校長に指導の権限を与え、教育する立場にある人々が常に自分たちの技術や知識を向上させることによって、学習に注意を向けることの重要性を説いた。

副教育局長という、ハワイの巨大な学校制度のナンバー2の地位にあるマーガレット・オダ博士は、何千人ものハワイの学生や社会の未来に影響を与えるような意思決定に参加したのである。

3　ソウガ・セイ

ハワイの地域社会の活動に参加することを通して、ハワイの一般社会の日本人にたいするイメージを変えた女性たちがいる。彼女たちはまた、当時のハワイ日本人女性の手本だった。こうした女性たちのおかげで、ハワイの他の民族が初期の日本人移民にたいして抱いていたイメージを変えたのだといえる。

その一人が『日布時事』社長兼主筆のソウガ、耕地労働者の待遇改善のために戦って二、三ヵ月留置所に入れられた、あのソウガ・ヤスタロウの妻、セイ〔誠子〕である。

ソウガ・ヤスタロウは母親を十五歳のときに、父親を十九歳のときに亡くした。ハワイに移民する決心をしたのは一八九六年のことである。当時は日露戦争直後で、除隊した兵士たちが街にあふれていたが、特に横浜はひどかった。法律を学び、さらに薬学を学んでいたソウガには、ハワイに来るには一大決心が必要だった。とはいえ、どちらの職業にも魅力を感じていなかった。彼には、ハワイで『火山』新聞を経営しているシオザワ・チュウサブロウ〔志保澤忠三郎〕という友人がいた。シオザワは仕事を手伝ってもらうために、自分の兄とソウガをハワイに招いたのである。一八九六年三月に、香港丸でハワイに着いたとき、ソウガは二十三歳だった。

ソウガは最初の妻に死なれてからしばらくして、幼い息子のシゲオ〔重雄〕を日本に連れていった。そこで弁護士の娘で、高等女学校を卒業したタニザワ・セイを紹介された。セイは国会議員に立候補した父親の選挙運動を助け、当選後は父について上京していた。セイは当時の普通の日本女性より、洗練され、教育があり、積極的だった。二人は結婚し、ソウガは新しい妻を連れてハワイへ戻った。

セイはハワイで、たちまち日本人婦人会、女性キリスト教禁酒同盟、アメリカ赤十字社、汎太平洋女性機構などの団体のリーダーになった。彼女は、ただこれらの会合や会議に出席するだけでな

女性禁酒同盟の婦人たち。前列右端がソウ・エイ、その左隣がソウガ・セイ、中央がハラダ・タスクの妻サキ、後列中央がフクダ・シマ

く、地域社会のプロジェクトに人々を勧誘し参加させた。

セイは力強く、堂々として、引っ込み思案のタイプではなく、白人女性の多くが抱いていたおとなしい日本人女性のイメージを一掃してしまった。行政手腕を発揮して成果をあげ、他人にたいしては、理路整然と物おじせずに直言を吐いたから、相手は戦略を練り直さなければならないことが多かった。

ソウガの嫁、息子シゲオの妻であるソウガ・ミヤ［美也子］は、セイとは正反対で、無口で、控えめで、はにかみやであった。ミヤは原田助博士の娘である。ミヤの両親はキリスト教信者で、どちらも京都の同志社大学で学んだ。父親はさらにアメリカのエール大学に学び、一八九一年に学位を得たが、その後一九一〇年に、イギリスのエヂンバラ大学から法学博士号を贈ら

プナホウ・スクールの初期の卒業生と父兄

れた。博士は国際的にも高く評価され、一九〇六年にはインドで講演し、一九〇七年から一九年まで同志社大学の総長も務めた。

一九二〇年、ミヤが十一歳のとき、原田は家族を連れてハワイへ渡り、ハワイ大学で教鞭をとり、学科長をも務めた。ミヤはプナホウ・スクールに通い、セントラル・ユニオン教会の教会員になったが、まだ大学三年のときにソウガ・シゲオと結婚した。両親が日本へ帰る前に、娘が結婚することを願っていたからである。

ミヤ・ソウガの控えめで礼儀正しい行動は、彼女が所属していた社交界や文化団体によい印象を与えた。その行動を日本式に表現するなら「シブイ」とでもいうのだろう。

4　アリス・サエ・ノダ

一九二〇年代と三〇年代の日本人社会の中で、

さまざまな方面に関心を示した女性に、アリス・サエ・ノダがいる。いろいろなビジネスを行い、各所を訪れて、学び、それをみんなと分かち合った。彼女は移民テシマ・ヤスケとテシマ・エキの娘であるが、両親は一八八〇年代にハワイへ入植し、契約農業労働者の身分からワヒアワの自営のパイナップル栽培業者となったが、その娘アリスの興味は多岐にわたっていた。

最初のキャリアは歯科衛生士だった。一九二一年に歯科衛生学校が開校したとき厳選されて入学した一期生の一人である。履修科目には、解剖学、生物学、物理学、生理学、X線撮影技術、細菌学、化学、伝染病学などが含まれていたので、厳しい資格審査が必要だった。わずか十二人しか合格せず、そのうち二十八歳のアリスを含めて十一人が卒業した。一九二二年に教育局の歯科衛生士になったアリスは、二年後にホノルル歯科衛生士学校の主事になり、一九二五年には歯科衛生協会の会長に選出された。

彼女は、美が健康の所産であり、健康とは身体全体を正しく管理することであることを知るにつれて、美容に関心をもつようになり、ついに四人の幼い子供を家に残して、ロサンゼルスのマクドナルド美容学校に入学した。

卒業と同時にフォート街に美容院を開いた。これが成功し、次々と店を増やし、四軒の美容院を開くまでになった。後にニューヨークへ行き、大学院で専攻科のコースを学んでから、ついに東京にも支店を開いた。アメリカや日本で講演し、彼女の書いた論文は世界中の人々に読まれた。髪の手入れや、当時としてはめずらしかったパーマネントばかりでなく、肌の手入れ、衛生、姿勢、正しい食事などを含む、全身の管理に力を注いだ。また、アメリカと日本両国の女性にたいしてファッションやエチケットに関する講演も行った。

社会活動にも多忙で、日本領事館を手伝うことも多かった。朝香宮妃のハワイ訪問では、通訳と化粧係を依頼されたこともある。アメリカ副大統領アルベン・バークリーや内務長官オスカー・チャップマンなど、ワシントンの政府高官のために開催されたレセプションなどの公式の行事にも参列した。

仕事と社会活動だけでなく、アリスは多才だった。らんの異種交配を手がけ、ブリッジ、マージャン、ゴルフを楽しみ、三味線を弾き、フラダンスを踊り、日本のろうけつ染め、砂金屛風絵、ハワイのラウハラ織物などの工芸も習った。

アリスの夫のスティア・ギカク・ノダは、ハワイ准州初の日系二世の下院議員の一人で、後に州の上院議員になった。首府ワシントンで開かれたハワイの立州準備のための公聴会では、准州代表として出席した。政治活動に入る以前には、ホノルル国税局副徴税官、ホノルル地方裁判所の日本語通訳などを経て、一九二四年九月六日ホノルル地方裁判所の弁護士になった。

地域社会の活動にも熱心なアリス・ノダは、地域の若者や恵まれない人々のために長時間をさいた。ガール・スカウト・オアフ島委員会の委員長兼会計、PTAハワイ会議の書記、ホノルル共同募金（アロハ・ユナイテッド・ウェイ）理事、病院社会奉仕協会理事、ハワイ女性有権者同盟副会長を務めた。

アリスは州議会に美容委員会を設置する運動を起こし、議員たちに美容院がパーマネントに熱と化学薬品の両方を使用していることを理解させ、美容師の未熟な技術から起こる危険から、大衆を守らなければならないと訴えた。美容委員会が設置され、知事はアリスを委員に任命した。

第二次世界大戦中は外科の応急手当を指導し、トルーマン大統領から感謝状を受けている。

夫と四人の子供たちは、アリスのいろいろな活動に理解を示し、支えてくれたし、彼女のほうも、子供たちのためにダンスやピアノなど教育の機会を惜しまなかった。家族の結びつきは強かった。アリスは、社会に貢献することを学ぶと同時に、家族が互いに助け合い、分かち合うことも学んだ。アリスは、子供たちにとっても、社会とっても、理想の女性だった。

アリス・ノダと夫スティア・ギカク

日本人婦人会が日系婦人会と名を改めて再建されたのは一九五四年のことである。これまでこの会は代々日本総領事夫人が会長をつとめてきたが、再建にあたり、初めてハワイ在住の日本人女性が会長に選ばれた。アリス・ノダである。彼女は会の目的を地域社会の利益のために活動することと設定した。

この会の夢、つまり目標は、老人が尊厳を失わず、温かい看護を受けられる女性のためのケアホーム（養護施設）の設立だった。老人と貧しい人々にたいする援助は、第一回官約移民がシティ・オブ・トウキョウ号に乗ってハワイに来てから二年後の一八八七年十月十日以来の関心事で、この年に日本人共済会が発足し、安藤太郎総領事夫人が会長、中山譲治移民監督官夫人が副会長に就いた。一八八九年に、もう一つの団体である婦人慈善会ができ、スナモト〔砂本貞吉〕牧師の夫人ウメコ、ヤスモリ・トシコ、カワサキ・ユミコが役員を務めたが、次第に男性も入会が許され、日本人慈善会となった。この会が後のクアキニ・メディカル・センターの前身である日本人慈善病院の設立に寄与したのである。

現在、センターには、女性のためのケアホームがある。このケアホームのために、日系婦人会が過去三十年間に四十五万ドルの資金を集めた、と口でいうのは簡単だが、何人もの女性たちがこの資金を集めるために計画をたて、長時間働き続けたことは忘れられ、知る人は少ない。何日間も、昼も夜もコンクリートの床に立って、バザーで売る寿司などの食物を用意し、何ヵ月もかけて、たった数時間の美しさに輝いただけで消えてしまうファッション・ショーを計画し、失敗のないように細部にいたるまで、無数の注意を払う。こうした仕事には、お互いの協力、犠牲、献身、調和が欠かせなかったが、女性のためのケアホームの建設という目標が常に目前にあったからこそできたことだった。

5　スナオ・タムラ

ケアホーム建設の論議が始まったのは、アリス・ノダが会長のときで、スナオ・タムラが会長の

日系婦人の集まり。左端がスナオ・タムラ、右端はソウガ・セイ

一九五六年十月に決定事項になった。夢を現実に変える仕事に手をつけたのは、外でもないスナオ・タムラだった。

ハリス・メソジスト教会のポール・タムラ牧師の妻であるスナオは、京都第一高等女学校を出て、東京音楽学校（現、東京芸術大学音楽学部）を卒業した。牧師だった両親は、スナオと妹と弟二人を祖父のもとにあずけた。祖父はキリスト教禁止令が解かれてから、キリスト教に改宗した最初の一人である。スナオの父親のツジ・ミツタロウ［辻密太郎］は同志社大学を卒業し、妻とともに一八九八年にハワイへ来た。最初、カウアイ島リフエへ赴任し、次にマウイ島パイアへ移り、そこで教会を開いて、幼稚園を経営した。

ポール・タムラはサンフランシスコへ法律の勉強に行ったが、感化されて牧師になった。野菜畑の中に立つ、カリフォルニアのサリナス教会に勤務していた。スナオは一九一五年に渡米し、教会の近くの託児所で働いていて、ポールに出会い、まもなく結婚した。夫婦は一九二八年にハワイに来て、ホノルルのヌアヌ組合教会に勤めた。

スナオ・タムラと再建直後の日系婦人会の副会長を務めたヨシエ・イソシマの二人は、今も元気で、いろいろな団体を通して社会に貢献している。スナオは九十二歳の今も、教会のお年寄りグループのためにピアノを弾く。このグループの中には、両親が一八八五年二月の第一回官約移民としてハワイへ来た九十五歳のモリモト・ラクがいる。ラクの母親は、百年前に、耕地キャンプを代表して中村治郎領事に会いに行った女性である。

自分の思い出や一生を若い世代へ少しでも伝えるため、スナオは今でも短歌や俳句を作る。ヨシエは日系婦人会の料理の本の編集委員長をしているが、この本はすでに三版を重ねている。

6　ミツエ・タナカ

ホノルルのマキキ地区の小さな家に、九十歳になる演劇の先生が住んでいて、日本人社会で日本の演劇が一番人気のあった出し物だった昔の思い出を語る。

ミツエ・タナカは一八九五年にハワイ島コナのホノカア、当時はコハナイキと呼ばれていたところで生まれた。ミツエは、ハワイの耕地事情を視察するために派遣された日本の役人の娘である。ミツエはヌアヌ中央学院、師範学校のテリトリアル・ノーマル・スクールへ通い、また行儀作法、裁縫、日本舞踊、歌舞伎を学んだ。

日系人による演劇上演（1929年頃）

それからの彼女は、歌舞伎を一生愛し続けることになる。自己犠牲や英雄的な行為の物語、歌舞伎の型、シェイクスピアばりのはっきりした感情をこめたせりふと言いまわし、舞台衣装、本稽古のときの一座の役者のひたむきな努力を、ミツエは愛した。

ミツエは一九二三年にヒサマツ・シュウスイ［久松秋水］という芸名をもつ歌舞伎の師匠と結婚した。このヒサマツは、ハワイ大学の日本演劇研究部の演技指導にあたった人である。一九二九年のテリトリアル・ノーマル・スクールの資金集めのための義援興業では、『ミカド』が上演された。一九三一年には、ハワイの十八の演劇グループが合同でサンフランシスコで公演を行った。ミツエたちは歌舞伎に没頭し、各種の団体の資金集めのために方々で公演した。その中には、モーニング・ミュージック・クラブ、マッキンレー・ハイスクール、モイリイリ公民館、ホノルル市民劇場、ホノルル美術館、本派本願寺、マキキ日本語学校などがある。恒例のハワイ大学における公演は九年間も続いた。単にせりふやそのニュアンスの指導だけでなく、衣装のデザイン、舞台装置、照明、化粧、かつらなども手がけた。

出演者の多くは日本人ではなかったが、『蝶々夫人』『夜明け前』『膝栗毛』『忠臣蔵』『大阪城』『出家とその弟子』などの劇の中では、役者ではなく、役そのものになりきっていればよかったので、人種や国籍の違いは問題にならなかった。

ミツエの娘の花柳三津秋（ビオラ・ホソカワ）と花柳千歳（クララ・ホソカワ）は、母親の生涯をかけた演劇や舞台への情熱を受け継いで、花柳舞踊専門学校の師匠となったが、その弟子には日本人以外の人も多い。日本舞踊の優雅さ、振りと音楽との調和、静かな動きが人種や民族を超越するのである。

ハワイで日本人女性が歩んできた百年の道をたどってみると、次に来る百年の女性たちの未来は開かれているという確信がわいてくる。日本人の女性たちは、勇気、忍耐、知性を示した。彼女たちは、多民族、複数文化社会のハワイを、アメリカ、そして世界という「家族」の中で、独特なものとするのになくてはならない力となった。ハワイの開放的な環境が日系女性の発展の支えとなり、今度は彼女たちが開放的で対応の早いハワイ社会の発展に貢献したのである。

第九章　政界への進出

一九七二年から七四年まで、同時期にハワイ州議会の下院議員をつとめた二人の日系女性がいる。七四年から七八年までの州議会上院でも顔を合わせた、ジーン・サダコ・キングとパトリシア・フクダ・サイキである。

1　ジーン・キング

現在のハワイ島コナは、色鮮やかなブーゲンビリアの花が咲き乱れ、ロマンチックなリゾート・タウンとして栄えているが、一九二〇年代から三〇年代のコナは、小高い丘のほとんどがコーヒーの木におおわれ、町というよりも大きい村といったほうがよいくらいだった。オレンジ色がかった赤い夕陽が水平線の上に映えて、火の玉のような太陽は草木の一本も生えない荒れた黒い熔岩質の低地と、きらきら輝く太洋の上で沈むのをためらっているかのように見える。

ジーンの母チヨ・ムラカミは、コナのコーヒー栽培農家の娘だった。後年、ジーンは次のように言っている。「写真を見ると、母は美しかったと思う。そして振り返ってみると、たいへん独立心が強く、何が大事で、正しいかをはっきり見分ける力をもっていたように思います」

カナダ系スコットランド人のウィリアム・ドナルド・マッキロップも、一九二〇年代の初めにコナに住んでいた。彼はキャプテン・クック・コーヒー会社の簿記係と、そこの初代郵便局長になるためにハワイ島に来た。彼はチョに

ジーン・キング

求婚し、チョの両親の同意を求めたのだが、当時は異人種間の結婚のまだめずらしい時代であった。

「この結婚に自分の母親が反対しなかったのは賢明だったと思うと、母がわたしに言ったことがある」とジーンは語る。「母は言っていました、『だから、後でおじいさんが脳卒中で倒れ、もう働けなくなって、おばあさんがたった一人で七エーカーもの土地を耕さなければならなくなったとき、お父さんは、おじいさんとおばあさんを呼び寄せて、同居しようとすすめてくれたのよ』」

それはちょうど戦争中のことで、マッキロップが妻の両親のために下に部屋を建て増ししようとしても、木材が手に入らなかったばかりでなく、手の空いている大工に来てもらうのさえ容易ではなかった。「大工さんは仕事が終わるまで、日曜日ごとにやってきた」とチョは言った。そして、マッキロップが命取りの癌にかかって、チョが自分の両親と夫の両方の世話ができなくなるまで、

チヨの両親は何年もの間、娘のところに同居して暮らしていた。

ジーンの両親、ウィルとチヨはカワイアハオ教会で結婚し、ホノルルのピイコイ街とベレタニア街の近くの最初の家へ引っ越した。現在のピイコイ街は、巨大なアラモアナ・ショッピング・センターを出て、東西に向かうハイウェイに乗ろうとする車で絶えず混みあう大通りにかわっているが、一九二〇年代にチヨとウィルが住んでいた頃は、家の外側に緑の苔がつき、一面にのびたマンゴの大木やポインシアナの木がうっそうと茂っている場所だった。マッキンレー・ハイスクールから歩いて帰ってくると、この付近は見た目にも、実際にも涼しく感じるので、ほっと一息つける場所だった。

ジーンの両親、チヨとウィリアム・マッキロップ

マッキロップの娘ジーン・サダコはこの静かな通りで生まれた。何年もたってから、ジーンが委員長を務める州議会の委員会に出て証言したある人物は、自分が育った家のリビング・ルームに彼女の子供のときの写真が飾ってあったと、ジーンに語った。母親がジーンを取りあげた産婆だったのだ。彼は日本人連合会の会長だったので、ジーンと会合で何度も会うことになった。

その後、家族はリリハ街に移り、ジーンは小学校一年から二年まで、リリケリケ小学校と日本語学校のパラマ学園に通った。パラマ学園の校長オオハマ・フトシは、日本語学校の存続をかけて日系社会がハワイ政府と対立したときに、訴訟を起こした人物である。

ジーンの家族は、またリリハからカイムキの二階建の家に移った。チヨ・マッキロップは、それから半世紀たった現在でもここに住んでいる。家の前庭には、風よけのシルバー・オークの大木があり、プルメリアの古木は何年にもわたって数え切れないほどのレイの花を提供してきた。母のチヨはレイの花をとるためにこの木に登った。ジーンも、弟のアランも、その子供たちも登った。

ここでジーンは最初、アリイオラニ・スクールへ、それから家から近いイングリッシュ・スタンダード・スクールへ入った。三年生のクラス担任のハード先生は、生徒たちに創作をすすめた。ジーンは毎日昼食の後で、クラスのみんなの前で自分の書いている物語の一章を読み、午後は日本語学校が終わると急いで家に帰り、次の章を書き続けた。数年後、大学院の学生のときに一幕劇を二つ書き、ハワイ大学で上演した。また、小さい子供たちのために、地域のクリスマスの催しに、クリスマス劇を書き、その演出も手がけた。

四年生から六年生までの担任だったウェスレー先生のことを思い出すと、なつかしさと感謝の気持でいっぱいになるとジーンは言う。当時の小学校は、生徒一人一人の美点や欠点を知るために、三年間は同じ教師がクラスを受持っていた。「あんないい先生が担任でよかった」とジーンは言う。

その頃は、毎日放課後に一時間、日本語学校へ通った。土曜日には修身の時間があった。ジーンは勇気や忠誠や忍耐を教える物語を読んで、こうした徳の大切さを学んだ。

ある日、学校で先生に自分たちの学校について書いてごらんなさいと言われ、「ウィルヘルミナ・ライズのふもとにある……」という書き出しをすると、先生は特にジーンの作文を取り上げ、いい書き出しだとほめてくれたので、うれしかったことを覚えている。何年か後、日本語学校のハシモト校長が逮捕され、追放、抑留されるときに、ジーンは弁護士に呼ばれ、日本語学校で実際に教えていることについて、校長に有利な証言をした。移民局の建物まで行ったときのことや、あまりの不当さに怒りを感じて胸がつまり、聞かれた質問に答えるだけで精一杯だったのを覚えている。

中学校と高等学校はセイクレッド・ハート・アカデミーだった。ここはジーンの家から近く、程度の高い教育で知られていた。当然のように、フランス語とラテン語の授業があった。「私立学校へ行くことは両親に経済的に大きな負担をかけることでした。弟も私立のイオラニ・スクールへ行きました。でも、母はわたしたちに最高の教育を受けさせようと決めていたのです。

「学校では修道女《シスター》に習いました。夕方には、学校の時計台の鐘の音が家まで聞こえてきました。わたしの人生の中で、今でもその鐘の音が鳴っているような気がします。何年か後に、最高学年の生徒に講演するために母校を訪れたのですが、教室に入ると、セイクレッド・ハートの制服を着た女子生徒が、昔わたしがしたと同じように、いっせいに立ち上がったのを見て、急にまったく予期しなかった感情がこみ上げてきて、しばらく言葉が出ませんでした」

ジーンがセイクレッド・ハートに入ったのは十一歳のときだった。アリイオラニ小学校のおてんば時代の持物である、野球のボールとバットを学校へもっていったが、野球は四方を塀に囲まれたセイクレッド・ハートの中庭にはふさわしくないとすぐに気づいた。六年間みっちり教育を受け、しつけられた。学校でジーンは年報の編集長をつとめ、卒業生総代になった。

ハワイ大学ではカ・パラパラ・コスモポリタン・ビューティー・クイーンやレインボー・リレー・クイーンに選ばれた。また大学の学生新聞『カ・レオ』の編集員、クラス委員、水泳クラブの英語の個人教師、心理学実験室の助手などをした。ジーンはハワイ大学とニューヨーク大学の両方から修士号を受けている。修士論文をみても、当時から社会的、経済的な正義と平和に関心のあったことがわかる。ニューヨーク大学ではアメリカ史を専攻し、修士論文はハワイの経済・社会構造を変えた一九四六年の砂糖きび耕地のストライキについてだった。「一九四六年のストライキのとき、ハワイ大学の学生だったわたしは、初めて一軒一軒、組合のビラを配って歩きました」とジーンは回想する。そして、ハワイ大学の修士論文は、現代日本の反戦劇の英訳の初演を大学のケネディー劇場で演出、上演することについてである。

ジーンの父親はホノルルに来て数十年間、死ぬまでビショップ財団で働いた。公共の交通機関である市営バス——両親とも車を買ったことがない——を使わなければならなかったにもかかわらず、一日の欠勤も遅刻もなかった。ジーンの弟も現在ここで働いている。

マッキロップは時間に几帳面なばかりでなく、ばか正直ともいえた。ある日、妻といつものように買物に出かけた。二人は両手に重い買物袋をかかえて帰ってきたが、家へ着いてから妻に言った。「店が勘定を間違えて、少なく請求されたような気がする。(マッキロップにはあっという間に暗算できる才能があって、ジーンが学校に行っていた頃、よく驚かされたものだった）もっていって、もう一度計算してもらおう」妻のチョは重い買物袋をかかえて、また家と店とを歩いて往復することを考えるとためらったが、マッキロップはきかなかった。店主のミセス・ゼインはこの小さな出来事をよく話題にした。ジーンが州議会の議員だったときに一等の切符が送られてくると返したり、公職についている間は二等車で旅行したり、副知事として中国旅行をしたときも、公費を使わず自費で行ったのは、彼女の中の父の血がそうさせたのだろうか。

ジーンはこうした家庭環境の中で、几帳面で、正直で、責任感の強い父親と、実質的で、生まれつき礼儀正しかった母親を見て育った。そして、小学校時代の修身の授業、カイムキのエピスコパル教会の聖歌隊での経験、セイクレッド・ハートの宗教の教えや行儀作法などから多くを学んで成長した。

マッキロップ夫妻には、おたがいに尊敬と愛情があったことは明らかだった。子供の頃の遊び仲間で、近所に住んでいたメアリ・フクシマは、「ジーンの両親が一緒に皿洗いをしているのをよく見かけたわ。話しながら、お母さんがお皿を洗って、お父さんが拭いてね」と語っている。つまり、対話のある家庭だった。

ジーンも言う。「父はいつも会社を出る四時三十分の少し前に母に電話して、『今から帰るけど、何か必要なものがあるか』ときいていたのを覚えています。父は亡くなる前にわたしに言いました。『お母さんにもう会えないと思うと、死にたくない』って」ジーンの母は寝たきりになった夫を、長い間、家で看病していたが、とうとう入院しなければならなくなると、最後の一月は、死ぬまで病室に付き添って、寝食を共にした。「お父さんは死のうと思ったようだけど、お母さんが看病したいと言ったので、一年もったのよ」と、ずっと後になってから母のチヨはジーンに打ち明けた。マッキロップは死ぬ前に、母が死んだら、二人の灰をまぜてほしいと娘に言い残した。

ジーンは母方の祖父母と、コナの家にはたくさんの思い出がある。「毎年夏休みにはコナへ行きました。でも、わたしたちにはお休みでも、コナの子供たちはまだ学校でした。コナの夏休みはもっと後で、コーヒーの実が熟れる頃に、子供たちが摘み取りの手伝いができるようになっているからです」

ときどきジーンは、母親が子供の頃に通ったコナワエナ小学校まで歩いていって、友だちと一緒に教室に入って勉強した。「そんなことさせてくれるなんて、親切な学校でしょう」と、ジーンは振り返る。だが、近所の子供たちが学校から帰ってくるのを待ちながら、コーヒー園で一人で遊ぶことが多かった。コーヒーの枝に二本のひもを結んで馬遊びができた。ホノルルから来たこの小さい女の子は、コーヒーの木の長い列の間を、顔にかかるくもの巣を払いのけながら、ギャロップで駆け抜けた。どこもかしこもコーヒーの実でいっぱいだった。

ジーンが五歳か六歳のとき、母が缶のついた袋を作ってくれたので、それを肩から掛けて、コーヒー摘みの真似をした。赤い実は、ぽろんぽろんと音を立てて、缶の中へ落ちた。普通、コーヒー摘みは、大きなラウハラの繊維で編んだ袋を肩に掛けてひもで吊っていた。オーバーオールを着たジーンは、コーヒー林の間にある静かな空地の冷たい地面に座って、枯れたコーヒーの小枝で村を作って遊んだ。大きい家、小さい家、回りの塀、Y字型の小枝にコーヒーの実の頭をさして、小さい男や女を作った。

ジーンは母と、後には弟も一緒に、コナへの行き帰りはフムウラと呼ばれる船に乗ったが、牛も一緒だった。「三等船室でした」と、ジーンは思い出を語る。「甲板は一枚の板ではなくて、細長い板を張ったものだったので、上にマットを敷いても、ヒロに着く頃には背中にすじがついてしまいました。エンジンは三等船室の真下にあったにちがいないと思う。ずっと上下に揺れていたから。それに、船は波に揺られっぱなしでした。カイルアに着く頃には、みんながすぐにでも船を降りたいと思った。そしたら何が起こったと思う。なんと、牛を先に降ろしたのです」

コナのカイルア湾は浅くて、フムウラを埠頭につけられないので、牛も乗客もはしけで上陸しなければならなかった。牛がまず先にはしけに移り、乗客はそれを眺めながら待った。牛は冷たい海にぽとんと落ちないように、袋に入れられ、空中に吊り上げられて移動し、カヌーぐらいの大きさのはしけの縁に首を縛りつけられるのをいやがってモーモーと鳴いた。乗客は黙りがちで、少し臆病になっていた。子供のジーンは、がっしりした船員の腕から腕へと運ばれながら、傾斜の急な船のはしごを下りて、ずっと下のほうに揺れる小さなはしけへ乗り移るとき、渦巻く海をのぞいてぞっとした。

コナの農家の祖父母の家の一階は土間で、長年使っている床は岩のように固くなっていたが、二階は木の床にきちんと畳が張ってあった。二階の祖父母の寝室の仕切の壁の壁紙は新聞紙だった。ジーンは毎年新しく変わる壁紙の漫画を読むのが楽しかった。仏壇は二階にあった。いつも新しい花が生けられ、毎朝祖父が炊きたてのご飯を供えていた。毎晩祖父は、いつもの自分のお茶漬けを食べる前に、お供えしたご飯によく熱いお茶をかけて食べていた。夜、祖父は灯油ランプの明かりを少し明るくして、祖母と向き合って畳に座り、ゆらゆら揺れる明かりの中で、新聞のニュースを読んで聞かせてくれた。

コナのコーヒー栽培農家の生活は、ルナに監督されながらキャンプで共同生活をしていた耕地の人たちとは違っていた。みんな独立していて、自分の所有するコーヒー園の中の家に住み、自分で取り決め、収穫期には摘み取り人を雇い、規制を受けるのは財政面だけだった。日本人以外の人々がコーヒーを価値のある農産物にできなかったのとは違い、日本人のコーヒー栽培農家は上質のコーヒーを栽培し、一エーカー当りの生産高を世界一にしたことで知られるようになった。ジーンは祖母が大事に作った野菜畑で遊んだり、台所で使った水が金属製の溝を伝って、その先にあるタロ芋などの野菜畑へ流れていくのを眺めたりした。土をいとおしみ、何一つむだにしない祖父の家で、誰かれに教えられるともなく、しっかりした環境学の原理を自然に学んだのではないだろうか。後に、ジーンが州議会で自然環境委員会の議長を務め、現行の環境関係法を作ろうとは、誰が想像できただろう。

ジーンは高校で一般進学コースを選んだが、実務家の父の助言で、放課後にタイプと速記を習った。後に母親はジーンに、「あなたに何でも覚えてほしかったの、もし時間があったら、近くの中国語学校にも行かせたかった」と言った。ジーンは日本舞踊、タップダンス、フラダンスも習った。戦争が始まったのは、まだ高校生のときだった。ジーンはタイプの技能を役立たせて、学校がすんでから、ホノルル鉄工所で請求書を作成した。上司のフィルポッツ氏はジーンのタイプの速さと正確さに感心した。まじめに働いたので、すぐに速記係に昇進させてくれた。

ジーンはここではみんなに受け入れられ、人気もあったが、これとは対照的に、以前にはむきだしの人種差別を経験したことがある。ホノルル鉄工所へ入る前に、地元のある小売店の店員募集の広告に応募した。タイプのテストがあったが、ジーンにはかなり自信があった。セイクレッド・ハートの地下のタイプ室で長時間練習していたし、その速さと正確さは制服に輝くバッジが証明していた。父親が付き添って行ったが、テストが終わると、部屋に呼ばれたのは父親だった。父親が出てきて、静かに「さあ、帰ろう」とうながすまで、ジーンにはどういうことかわからなかった。マッキロップは娘に向かって、「戦争になったから、この会社ではタイプ事務でも日本人は雇わない」と告げなければならなかった。

一九七二年にジーンは、同じ日系女性政治家のパッツィ・ミンクの選挙参謀を務めた。問題にたいする態度が明確で、熱心なミンクを、彼女はずっと尊敬していた。この頃すでに、ジーンには州下院議長の調査員や演説原稿作成係、上院のスタッフとして働いた経験があった。

ジーンは次のように言う。「パッツィほど有能な人は見たことがありません。一度彼女に同行したことがありました。まず、木立におおわれた土地の美しい一軒の家で、主に郊外に生活している招待客の主婦たちを前に話し、それから、すぐショッピング・センターに直行しました。そこでは会場が仕切られていなかったので、後に人がしょっちゅう通って、とても話しにくそうでした。その次に行ったのは高校の体育館で、今度は学生が相手でした。彼女は、その場その場に応じて効果的に聴衆と交流し、いつでも主題から離れたことはありませんでした。……本当にパッツィ・ミンクには感心し、尊敬しています」

州の下院議員(一九七二—七四)、上院議員(一九七四—七八)、そして副知事(一九七八—八二)を務めた後に、ジーン・サダコ・キングがハワイ州知事に立候補したとき、このふだんは穏やかで物静かな女性の中にある激しさに誰もが驚いたが、かつての同僚の議員たちには驚かないものもいた。ジーンが必要と感じたら、どれだけけたくましくなれるか、彼らは知っていたからである。

ジーンは言う。「わたしにはとても気がかりなことがいくつかあります。ハワイとはどんなところか。今から五年、十年、二十五年後のハワイは、どのように変わっているのか。政府は隠し事をせず、みんなの要求に答えてくれるのか。人々に、つまりハワイ州民に選択権はあるのか。自分たちの生活がどのようなものか、どの方向に向かっていくのかについて、選択権があり、発言権があると感じられることはとても大切なことです。それは家族の生活に関してだろうと、教育だろうと、仕事だろうと、生活環境だろうと、老後の安定だろうと同じです。そして、現在わたしたちは平和の星に向かって進んでいるのか、それとも考えも及ばないような核戦争の方向へ軌道がずれていっているのか」

ジーン・サダコ・キングは、ハワイ州の立法と行政の頂点を極めた唯一の日系女性と言っていい。まだ百年はたっていないが、彼女は日系であり、かつ女性であるという二つのマイノリティーに属しながら、ハワイの最高指導者の地位まで上りつめたのである。

2　パトリシア・サイキ

一九四八年、ハワイ大学の学生たちは、花の香のただよう庭園のような円形競技場に集まった。学生に人気のある各民族から選出されるカ・パラパラ・ビューティー・クイーン・コンテストが始まり、喝采と口笛と声援が耳をつんざくようだった。

生気にあふれ、一見傲慢にさえ見える一人の日系女子学生が現れた。運動選手のような均整のとれたしなやかな体、きらきら輝やく瞳、顔は上気していた。これに応えるかのように、学生たちの喝采が競技場にこだました。これで、その年のカ・パラパラ・ビューティー・クイーンは決まったようなものだった。審査員も学生たちと同感だった。

こうして、パトリシア・ハツエ・フクダは公の場にデビューした。彼女の均整のとれたひきしまった体は、ヒロ高校のテニスコーチの父親が娘に強いたテニスの練習のたまものであり、その笑顔と幸せな様子は、学生寮ハレ・ラウリマの仲間や友人たちの心からの応援と励ましに支えられたものだった。だが、その生気あふれる輝きと熱情は、パトリシアが両親と日本人移民の祖父母から生まれながらに受け継いだものだった。

パトリシアは、フクダ家の三人姉妹の長女として生まれた。「ハツエ」と名づけられたのは、最初に生まれた女の子だからである。家名を継ぐべき男のきょうだいがいなかったので、父親の姓を残すために、結婚してもフクダという姓を捨てなかった。

祖父母は砂糖きび耕地の労働者として、広島と熊本からハワイに移民したが、パトリシアが子供の頃には、砂糖会社から土地を借りて、地代を砂糖で支払う小作農になっていた。

パトリシア・サイキ

近くに住む者同士が助け合えば、何ができるかをパトリシアが知ったのは、このヒロにいた時代だった。家を建てるときは、日本人社会の人が手伝いにきて、大工仕事をしたり、電気工事をしたり、水道工事をしたり、ペンキ塗りをしたりした。こうした技術のない人は、地ならしをしたり、女たちは食事を作ったりして、お互いに助け合った。パトリシアの祖父の砂糖きびの収穫期には、同じ小作人の近所の人たちが手伝いに来たし、近所の人の収穫期には祖父母が手伝いに出かけた。家族が集まって、地域に一つの大家族を作り、金は頼母子講で借りたが、利子などは特になく、一人一人の信用にかかっていた。結婚、子供の誕生、記念日などは、この大家族で一緒に祝った。

「薪作りさえ共同作業でした。父が祖父母のために薪を割り、妹たちとわたしがそれを祖父の家の外に積み上げました。台所と風呂に薪が必要だったから、薪を割るのは毎日の仕事でした。男の人が年をとったり、死んで男の人のいない家には、近所の若い者が日曜に来て、薪を割っていました。人々はお互いに助け合っていました」と、パトリシアは小さいときの思い出を語る。

父方の祖母も母方の祖母も考え方が古かった。パトリシアがマンゴやみずみずしい赤いオヒアの実を取りに木に登ると、木登りなど女の子のすることではないと叱られた。「お嬢さん」なら、決して木に登ってオヒアの実などをむしゃむしゃ食べたりしないという。だが、パトリシアは祖母たちが自分の取ってきたオヒアの実を喜んで食べたり、ブル・ダーラムのタバコの葉を紙に巻いて、吸ったりするのを知っていたのだ。

「一生忘れることのない戒めがある」とパトリシアは言う。「その一つは、本の上には決して座わらないこと。子供の頃、テーブルに届くように本を椅子の上に積み重ねて座ることを、祖父たちは絶対に許しませんでした」

「バチガアタル」と、祖父たちは叱った。知識が入っている本の上に座るなどは大不敬であり、冒瀆である。本や先生には尊敬を払うべきだというのだ。

「だから、わたしに教師になるようにすすめたのだと思います」パトリシアはハワイ大学を出て、最初は私立のプナホウ・スクールで教えた。それから、夫についていったオハイオ州のトレドの高校、ホノルルに帰ってからはカイムキ中学校とカラニ高校で教えた。

夫は産婦人科医で、五人の子供のうち三人が医学方面に進んでいる。二人が医者で、一人が獣医、一人は医者と結婚している。残りの一人は、パトリシアの父親と同じテニスのプロ選手になった。

パトリシア・サイキは一九六九年の憲法会議のハワイ代表の座を得たが、それが政治に深入りするきっかけになった。一九六八年から七四年まで州の下院議員をつとめて、七四年と七八年には州上院に立候補して当選した。

彼女は選挙運動の焦点を教育問題と公立学校の組織改革にあてた。州議会で彼女は、ハワイ大学教育学部の教師養成の中心を、それまで過大評価されていた教授法から教科課目へ切り替える努力をした。教師にとっては、いかに教えるか、つまり教育方法を知ることも大切だが、何を教えるか、つまり教科内容とそれをさらに深い知識へつなげるようにまとめる方法を知ることもまた大切である。ハワイ公務員連合を通して、パトリシアはハワイに教員組合を設立するための最初の運動を指導し、初代の委員長になった。

パトリシアは教育に関心をもち続けた結果、米国西部地区高等教育委員会の委員に任命され、西部十三州の教育機関の委員長を二年間務めた。彼女の努力によって、多くの若者が、ハワイでは得られなかった保健関係の各種の職業につけるようになった。例えば、このプログラムを通して獣医、検眼士、作業療法、歯科医などの仕事がハワイの学生にも得られるようになった。

それ以来、彼女は大統領の指名で、高等教育改善基金のメンバーに選ばれ、この組織を通して数々の斬新的な教育理念が研究され、実験された。

パトリシアの注意を引いたもう一つの分野は、医療の質的向上である。医療専門家と密接な連絡をとりながら、人々にできるかぎり質の高い医療を約束するために、現行法の改正につとめた。彼女は、ハワイ全土の救急車と緊急医療機関を統合する全州緊急医療サービス法の生みの親として知られている。

また、ハワイの共和党を強化する必要性を感じたパトリシアは、そのために力を尽くし、一九八三年に党委員長に選ばれた。すでに書記、副委員長を務めていたので、党の長所や欠陥、必要、目標はよくわかっていた。

「政府が責任をもって市民の要求に応えるには、政府内のバランス、選挙のときの票争い、権力への挑戦が必要であることを、十四年間の議員の仕事を通じて痛感した」と彼女は言う。「つい無関心になり、怠けたり、傲慢になったりするのがわたしたち人間というものですが、公職にある者はそうあるべきでない。わたしたちの政府が二大政党に基盤を置いているかぎり、お互いにチェックし合う責任がある」

「政治にかかわる者は誰でも、どの政党でも、同じ基本的な目標を抱いていると思う。それは、このハワイを生活を営み、子供を育てるのに最上の地とすることである」と彼女は続ける。「非常に気がかりなのは、この島の経済が今のままの状態では、将来、わたしたちの子どもたちがやりがいのある仕事が見つけられないということです。優秀な若者たちが、本土に仕事を探しにどんどんハワイから出ていってしまいます」

「心配はこれだけではありません。わたしたちの祖先をハワイへ導いた砂糖産業が、今や危機に陥っています。その救済のために、できるかぎりのことをしなければならないし、ハワイの発展のためには、他の経済基盤の開発も考えなければなりません。砂糖きび耕地を失うのは残念です。そうなれば、わたしたち一人一人の歴史もそれとともに消えてしまうからです」

パトリシア・サイキは、だんだん世界が狭くなり、技術が進歩していく中で、ハワイの子供たちに世界のどこででも十分に競争できる力を与えてやることが重要だと強調する。「わたしたちの子供たちが、外国の人々を理解するためには、外国の言葉と文化を学ばなければなりません。太平洋の真ん中の、東西の接点に位置するハワイは、東西の経済、外交、文化を結びつけるのに理想的な場所です。ハワイの子供たちと若者たちは、できるだけ多くの外国の言語と文化を学ぶべきですが、それにはハワイ以上に適切な土地はどこにもありません」

「わたしたちが日本文化を通して受け継いだ最大の遺産は、成功を勝ち取り、個人の願望を満たす手段として、教育を重視することです。わたしたちはハワイ州の公立教育制度を援助し続けなければなりません」

パトリシア・サイキの経済界との接触は、ハワイ最大の企業であるアムファァック社とハワイアン航空会社に請われて、取締役会の一員となった一九七二年に始まる。現在も役員を続けているが、この経験によって、彼女は経営にたいする理解を深めたと信じている。「おかげで、政治家として成長したし、さらに財務管理の知識がついたのも確かです」と彼女は言う。

いくらかの独立を果たし、女性の権利獲得を推進した彼女だが、家庭ではずいぶん旧式の女性である。例えば、男は決して皿洗いをしないという家庭に育った夫には、皿洗いを頼んだことがない。「主人に皿洗いをしてくださいと言ったことはありません。それがいいとか、悪いとかというのではなく、夫の育った環境を尊重しているからです」

しかし、息子たちには、皿洗いから掃除にいたるまで、二人で一緒にすべきだと彼女は教えている。結婚はパートナーシップなので、ものごとを分かち合えば合うほどよいのである。

「もちろん、夫は医者としてストレスの多い一日を過ごした後でも、できるかぎり手伝ってくれました。信じないかもしれないけど、わたしが政治活動を始めたのは、五人の子供の一番小さいのがまだ五歳のときで、時間にかんするかぎり、ちょうど曲芸でもしているようでした。選挙を経験するたびに、意気高揚するのですが、同時に力を使いはたしてしまいます」

「ずっと昔、父が助言してくれました。『仕事をするか、家庭の主婦になるか、あるいは両立させるかは、自分の意思で選ぶことで、習慣や世間の常識などで決めてはいけない。そして、家族、住んでいる地域、国家に貢献すること』」

パトリシアは、ヒロで経験した助け合いの精神を思い出す。何軒もの家族が一緒になって、大きな仕事を効率的に、経済的にやりとげたこと。人が死んだり、火事、洪水、嵐などで困ったときには、お互いに助け合ったことなどを。

「わたしたち夫婦は、祖先のルーツを求めて、日本へ旅行しました。子供たちが自分たちの伝統を理解し、百年あまり昔に曽祖父母たちがハワイへ渡って来るときに払った犠牲に感謝できるようにしたいと思ったのです。わたしのように、祖父母をよく知って育ったのはありがたいことです。祖父母は、わたしの意識と視野を広めてくれました。ですから、今でも、そしてとりわけ今になって祖父母を思い出して、尊敬、責任、義理、協調、援助などについて、たくさんの教訓を遺してくれたことに感謝しています」

「この伝統や価値観は、自分の子供たちに受け継がれていると思います。結局、環境が変わり、わたしたちは他のさまざまな文化や考え方に翻弄されますが、根本にある生き方、信念、考え方などはしっかり確実に流れています。小川が注いではまた流れ出ていくように、わたしたちの信念は多少増えたり、減ったりしますが、長年にわたる個人の経験を通して作り上げられたその本流は、後々までも流れ続けるのです。表面的には深い信念をくつがえすように見えることがあっても、本質的にはその方向は変わらないのです」

パトリシア・サイキは、今でも一九四八年当時と同じように、生き生きとして、ダイナミックである。だが、以前は「一個の人間」だったのにたいして、今では、自分を祖先や子孫を含めた伝統の一部と考えている。彼女の選んだ生き方は、他の女性たちの生き方とともに、ハワイの最初の百年間の日本女性による貢献を反映するものとなり、今後の方向を示す助けになるであろう。

3　パッツイ・ミンク

パッツィ・タケモト・ミンクがマウイ島で生まれたときには、第一回の日本人移民がハワイに来てからすでに四十年以上の歳月がたっていた。風の強いハレアカラの山の斜面にある、町とは名ばかりのパイアという小さな村に育った彼女は、この耕地に最初に入った日本人が、病気で寝ているとルナに仮病と疑われ、ワイルクのプランテーションの本部まで、十キロ近い道程を歩かされたことを知らないとしても無理はない。この男性ともう二人の日本人移民は、灼熱の太陽の照りつけるほこりっぽい道を、わらじばきでよろめき、つまづきながら歩かされた。

本部に着いて医者に診せると、一人は体が弱っていて高熱のため、すぐ入院が言い渡された。するとまた、病院まで歩かされた。男は病院の入口まで来たところで極度の疲労と脱水症状で倒れ、息を引き取った。記録には日射病による死亡と記されただけだった。あとの二人は薬を与えられ、来たときと同じ十キロの道程を、また歩いて帰るように命じられた。その日は、仕事を休んだとして、九ドルの月給から六ドルの罰金を差し引かれた。

パッツィ・ミンクの両親は移民ではなかった。父親のスエマツ・タケモトはハワイ大学の卒業生で、土木工学の学位を得た最初の日系人の一人だった。それで、パッツィは小学校へ入った頃から、はっきり自分の意見の言える子だった。

高校では生徒会長をつとめ、一九四四年度の卒業生の総代として答辞を読んだ。その後ハワイ大学に進んだが、ペンシルバニア州チェンバーズバーグにあるウィルソン・カレッジに転校し、さらに、医学部志望だった彼女は、しっかりした科学の基礎を学ぶため、ネブラスカ大学へ転校した。

だが、健康を害してハワイに戻り、結局ハワイ大学を卒業した。

パッツィが第二次世界大戦に参加したアメリカ空軍の退役軍人ジョン・フランシス・ミンクに出会って結婚したのは、後にシカゴ大学のロースクールに学んでいたときだった。二人は一九五一年一月に結婚した。

ミンク女史は、その頃のシカゴには自分を雇ってくれる法律事務所がなかったことを面白そうに話す。ハワイへ帰ってきても同じだった。乳飲み子を抱えていたためか、あるいはハワイの日系女性として初めての弁護士だったためか、どの事務所も雇ってくれなかった。それにもめげず、パッツィは自分で法律事務所を開いた。一ヵ月五十ドルで事務所を借り、弁護士料を払ってくれる客を待っていた。

パッツィ・ミンクがハワイ民主党内で頭角を現してきたのは、この時期である。仲間の若い党員と一緒に、ハワイ各地のさまざまな社会・経済層からなる集団を結びつける党の拠点作りに乗り出した。その結果、ハワイがアメリカ合衆国に併合された一八九八年以来、それまで共和党の地盤であったハワイを、民主党の勢力下に収めることに成功した。

一九五四年の選挙戦で、パッツィ・ミンクはあらゆる雑用をこなした。有権者への電話、選挙区の住民への戸別訪問、パンフレット配り、看板書きなど、全面的に選挙活動に参加しているうちに、だんだんのめりこんでいき、とうとう次期選挙には自分が立候補する決心をした。一九五六年、ハワイ州議会の下院議員に立候補して当選した。一九五八年からは上院選挙に出馬し、一九六二年に当選をはたした。そして、一九六四年には連邦議会の下院議員選挙に立候補して、当選を勝ち取るのである。

パッツィ・ミンクの信念が試されたのは、連邦下院議員になってからだった。彼女は議会内の反戦グループと手を結び、ベトナム戦争に関してアメリカ政府に不利な証言を行ったが、こうした行動にたいして当時支援する者は少なかった。彼女はベトナム戦争で何十億ドルもの金をつかい、南北ベトナムを互いに反目させている政府の政策に反対したのだが、これはかなり時代を先取りする考え方だった。彼女はまたベトナム戦争の徴兵忌避者の特赦を主唱した。

パッツィは、太平洋の島々やアリューシャン列島における水爆実験に反対した。また、女性名義の信用、育児立法、教育機関における人種差別廃止を求めて戦い、二ヵ国語教育、学校給食プログラム、障害者教育、特殊な問題を抱える学校への緊急援助などのために奮闘した。一九七四年に立法化した女性教育機会均等法の起草者でもあり、後援者でもあった。女性の教育と職業の機会を推進することの法により、年間三千万ドルの予算が三年間支出されることになった。

パッツィ・ミンク

パッツィ・ミンクの連邦下院議員としての最大の功績は、何といっても、他の二十三人の議員とともに、アリューシャン列島における地下核実験に関する情報の公開を拒否した五つの連邦機関を告訴したことである。この訴訟が最高裁まで行った結果、後で制度化された情報公開法の修正条項のガイドラインができたのである。この法律のおかげで、現在では一般市民が政府から情報を手に入れることができる。ウォーターゲート事件の際に弁護士がテープを入手し、その結果、現職の共和党の大統領ニクソンを辞任に追い込むことができたのも、この法律のおかげだった。

パッツィは連邦議会下院の有力な委員会で委員をつとめ、その信条と信念に基いた功績によって、一九七五年には全米教職員組合の人権賞、一九七七年には全米教育協会賞を受けた。

一九七六年には連邦上院選挙に出馬して落選したが、少数民族の女性の権利獲得のために働くという彼女の決意は変わらなかった。

「議員に当選することだけが政治家の人生ではない。政治とは社会全体の日々の営みにかかわることで、政府はその一部分でしかない」とパッツィは言う。

一九七六年の落選後、パッツィは一時国務省の海洋・国際環境・科学局の次官補を務めた。その後ハワイ大学で教えていたが、一九八二年にホノルル市第九区から市会議員に立候補して当選すると、市議会は彼女を議長に選んだ。

日本人の契約労働者がハワイに来たときは、一日十時間、週六日砂糖きび畑で働いて、月に九ドルの賃金と六ドルの生活手当を得ていたが、その移民の孫娘が、百年もたたないうちに、パイアの村から連邦議会への道を歩んだのである。

アメリカでは、息子に向かって「おまえはいつかアメリカ大統領になる」と言う親が多いが、パッツィの祖父母も両親もそんなことは言わなかった。初期の日本人移民が、不当な扱いに耐えなければならなかったことも、子供や孫に語られることはまれだった。しかし、この田舎娘には不正や不当にたいする戦いが身にしみ通っており、ニクソン大統領が連邦最高裁判所の副長官に任命した判事にたいしても公然と挑戦し、勝利を勝ち取ったのである。またハンフリー副大統領の主治医が女性にたいして侮辱的な発言をしたときも抗議し、辞職に追い込んだこともある。

このように有能で、力にあふれ、恐れを知らぬパッツィ・ミンクも、苦悩と不安から、緊張して眠れない夜をいく夜も過ごしたことがある。シカゴ大学の学生のときに、妊娠したので、大学の診療所へ診てもらいにいくと、そこで「ビタミン剤」といって薬を渡された。

それから二十年以上たった一九七五年になって、自分が当時行われた「DES医学実験」の対象となった二千人の女性のうちの一人であることをはじめて知った。これらの女性の半数がDESを与えられ、残りの女性には偽薬が与えられた。ジエチルスチルベストロールと呼ばれる合成ホルモン剤DESは、かつては流産予防の効果があると考えられていた。しかし、後になってそのような効果はなく、かえって妊娠中にDESを服用した女性から生まれた子供の生殖能力に問題が起こることがわかった。

この医学実験が明るみに出たのは、シカゴ大学病院に来て働いていた国立衛生研究所のある女性研究員が、カードの入った箱を偶然見つけたことから始まる。この研究員は、何だろうと不思議に思い、それがDESを実験的に与えられた女性のリストだとわかると、DESがリストにある女性とその子供に与えた影響を調べるために、調査研究費を申請した。

「わたしが怒ったのは、シカゴ大学病院がわたしに連絡をとるのに、五年近くもかかったことです。実験台になった女性たちの追跡調査は容易ではないと言われましたが、わたしの場合は連邦議会の下院議員をしていましたから、すぐわかったはずです。連絡をとり、娘に危険があることを知らせるのに、五年もかかるとはまったくおかしなことです」

知らせを受けるとすぐに、ミンク夫妻は娘をつれて医師のもとへ駆けつけ、腺疾患、すなわち子宮頚管に細胞異状があるかどうか検査を受けさせた。腺疾患は癌に変わるという医者もいる。

一九七七年にパッツィ・ミンクは次のように語っている。「しっかりしなければと、自分に言い聞かせるのですが、だめなのです。たぶん、危険なのはわたし自身ではないからでしょう。もし自分のことなら、なんとか対処することもできるでしょう。でも、危険が自分の子供となると、とても難しいものです」

「……精神的にも、肉体的にも大変な重荷です。娘はひんぱんに検診を受けなければなりません。娘は一生この恐怖を抱いて、生きていかなければならないのです」

シカゴ大学は診療所に来る意志があれば、DESを服用した母親から生まれた子供を無料検診すると言っている。「子宮癌の稀なケースであるDESが原因で腺癌にかかった場合は、七十歳になる前から無料で治療を受けることができる」と、診療所は約束している。しかし、一生不安を抱えて生きなければならない若い女性や母親たちにとって、これはまったく気休めにもならない。

子宮頸管や子宮に異状が起こるという危険ばかりでなく、不妊症になる可能性も高いのである。その上さらに、「三百五十人のＤＥＳの娘たち」を代表する弁護士によると、ＤＥＳの子供だけでなく、その孫たちも、現在までにわかったところでは、「脳水腫、肝臓腎臓障害、肺発育不全、四肢麻痺、運動機能の発達遅滞」などの障害が現れる確率が高いという。

パッツィ・ミンクのこの体験が波紋を呼び、一九八一年のハワイ州議会決議六百八十号により、ハワイ保健局、ハワイ医師会、米国癌協会、ハワイ癌センターは、医療専門家を対象にしたＤＥＳ関連の病気に関するセミナーを開催することになった。

「大切な問題は、情報公開と診療カルテです」とミンクは言う。「女性たちには、質問する権利があります。ＤＥＳを服用した疑いがあれば、カルテを調べるべきです。そうすれば、問題が大きくなる前に防ぐことができます。……わたしの使命は、こうした苦痛を一般に公表することでした。もしＤＥＳを服用したことがわかったら、隠さないこと。定期検診を受けること。自分の子供の命を守るために処置をとること。子供たちには、危険があるかもしれないことを知らせることとです」

不正不当はいろいろな形をとって表れるものである。この事件では、立ち上がって国民に向かい、何が起きているかを国民に語ることのできる女性、「ひとに知られたら恥ずかしい」と恐れたり、恥じたりしない女性パッツィ・ミンクの身の上に起こったことだからこそ、不正不当が闇に葬られて人々の不利になることがなかったのである。

二世紀目に入ったハワイの日系女性たちの不正不当にたいする戦いは、数々の目に見えない形で起こっている。しかし、次第にこうした不正不当にたいして立ち上がることのできる感性と能力が育ってきている。

約百五十年前、芸者小染は六十日の間、水も食料もなく、風雨と波と戦ったあげく、ハワイの岸辺に漂着したが、彼女は生きるためには何をなすべきかを知っていた。疲労と脱水症で死亡したパイアの耕地労働者は、言葉の通じない土地ではどうしようもなく無力だった。彼らの敵は、自分の意思を伝えられないということだった。今、女性たちは、その相手の名もわからず、姿も見えず、得体が知れず、想像もおよばないだけに、自分たちの子供や孫に影響をおよぼしかねない、もっと微妙な戦いに直面しているのである。

第十章　芸　術　家

1　二人の女性

オアフ島のホノルルからハワイ島ヒロへ飛行機で行くと、ホノカアとヒロの間にハマクアの海岸線が見える。切り立った崖が泡立つ波を押し返している。グリーンのビロードのような地形を、マウナケア山の雪解け水が、滝や川となって土地を侵食しながら深く険しい峡谷へ流れ落ちて、海へ達しているのが見え隠れする。流れは青々と茂った竹林と戯れる頃には透明度を増し、マンゴの林のそばをのろのろ進んで、ゆっくりとホノホノと呼ばれる群生しだを押し分け、やがて山頂から海にいたる壮大な長い旅を終え、何事もなかったかのようについに太平洋に合流する。

その崖に近い丘の中腹に、赤い屋根の耕地の村落がある。ラウパホエホエ、オノメア、パアウハウ、パアウイロ、パパイコウ、ペペエケオ、ホノカアである。

初期の日本人移民の男女が入植したのは、こうした砂糖きび耕地だった。夫の月給が九ドルだったのにたいして、妻は六ドルだったのだから、日本人女性があまり高く買われていなかったのは明らかである。もちろん、日本人というだけで最低賃金と相場が決まっていた。一九二〇年当時、ポルトガル人の月給が十九ドル五十三セントであったのにくらべ、日本人はその約二十五パーセントも安い十五ドル八セントで一日十時間、週六日働いた。

だが、日本人であることや女性であることが、指導者になったり、社会や国家、さらには世界に貢献する場合に足かせにはならないことが、一世代とたたないうちに、多くの日本人女性たちによって証明されたのである。

一つの物体が大地の美しさと暖かさと強さを象徴することができることを、その才能とアイディアによって示した二人の女性がいる。アリス・カガワ・パロットとトシコ・タカエズである。

2　アリス・カガワ・パロット

インディアン特産の日干しレンガであるアドベ造りの家が、周囲の砂漠と岩山に溶け合って、土のような色になったサンタフェは上空から見分けにくい。ここに一人の日系女性が住んでいる。彼女は、緑の谷に生えるククイの林が真っ青な太平洋へ向かって延び、なめらかな白砂の海岸に縁どられた緑輝く町、ハワイのカリヒ生まれである。

アリス・カガワは、多民族社会、複数文化社会というハワイの環境の産物といえる。日本人移民の娘として生まれ、国際民芸博物館の館長アレン・モーガン・パロットと結婚した。夫はフランス人、イギリス人、ウェールズ人の混血である。ベンというスペイン系インディアンと、ティムというアメリカ系インディアンの二人を養子にし、リトル・ベンという名の大きいけれどおとなしいシェパードと、緑色の卵を産むアラカナ種のにわとりと、十六歳の老犬と一緒に住んでいる。この老犬は耳が聞こえず、足は関節炎で硬直し、訴えるような目をしている。

アリスは数年前に夫を亡くしたが、ニューメキシコ州サンタフェで、夫とともに暮らしていたときと同じ生活を今でも続けている。彼女は一生の仕事である機織りをするかたわら、にんじん、ふだんそう、パセリ、レタス、ズッキーニ、きゅうり、赤かぶなどの野菜を作っている。野菜畑には、ところどころに、りんご、マルメロ、なし、もも、すもも、さくらんぼなどの木が影を落とし、垣根には白と紫のぶどうがたわわに実り、その重みで垣根がたわんでいる。こうした野菜や果物はそのまま食べたり、缶詰にしたり、冷凍にしたりするが、犬の餌にも、好きなりんごやズッキーニやにんじんをすって入れたり、レタスなどの野菜を刻んで入れてやったりする。

愛犬を連れて散歩をするアリス・カガワ

アリスはハワイで、正月に両親が大地の神に感謝を捧げ、もち米を蒸してついた丸いもちを供えるのを見て育った。今は小麦粉で作った丸いもちを、家の中のすべての神に供えている。つまり、ミシンの神、一番大切な織機の神、冷蔵庫の神、かまどの神、炉の神などである。生きていようといまいと、万物には神が宿っているから、敬い、感謝を捧げなくてはならない。これがハワイの日系人の神道の習わしだったが、この万物を敬い、感謝を捧げる行いは、サンタフェのインディアンの習わしでもあった。インディアンの芸術は、その感謝の歌を目に見える形に表したものだ。

アリスは自分の経験から得たものを総合し、これらの経験を一人の人間の生を超越する一つの象徴的な不変の中に再現して見せた。だから、彼女の織物はそれ自体が生命をもち、多くの国の人々に語りかけ、共感を喚び起こすことができるのである。

ノルウェーのトロンハイムにあるノルデンシュルスケ美術工芸博物館や、ロンドンのビクトリア・アルバート美術館のような著名な美術館が、ハワイの日系移民を両親にもつ、このカリヒ生まれの女性の織物を所蔵している。アリスは、カガワ・タカトとカガワ・イソノの十人の子供の一人である。両親は土を耕す農民としてハワイに移民し、赤黒い土、褐色のローム、白い砂、何世紀も前に地底から炎を上げて噴き出した火山灰にまみれて働いた。

アリスの使う色は、インディゴの葉、たまねぎの皮、マリゴールド、あかね、サボテンにつくカイガラムシに似たコチニールという小さい虫など、自然から得たものが多い。こうした材料から、アリスはバーント・オレンジや、赤さび色、赤、テラコッタなどの、温かい色を作り出すのである。

アリスがアメリカ全土の都市や町の中からサンタフェを選んで住みついたのは、不思議に象徴的

機を織るアリス・カガワ

である。なぜなら、サンタフェは、第二次世界大戦末期にアメリカ西部の各地の収容所から抑留されていたハワイの日系一世が集められ、釈放待ちや、ハワイへの帰還待ちをした収容所のあった場所だからである。こうした一世たちは、なかには耕地労働者としてハワイに渡り、契約期間が切れた後に商売を始めて成功した者も混じっていたが、犯罪をおかしたわけではなく、日系一世に市民権を与えないアメリカで、ただ外国人であるという理由だけで収容されたのである。漁師、神主、教師、ハワイの小島ニイハウから送られて来た英語よりハワイ語のほうが上手な養蜂家までいた。彼らは荒涼と広がる砂漠で生活した。金色に燃える夕陽と、月の光に照らされた凍りつくようなこの土地の収容所に入れられたが、移

一世が抑留されたサンタフェの抑留所

民たちの恨みは、なぜか少しずつ和らぎ、一体感が彼らを包んでいった。通り雨の後に、足もとに数え切れないほどの砂漠の花が咲いているのを見たときとか、夜空に何百万もの星が美しく輝いているのを見たときなどは、特にその思いが深かった。

多分、この一体感——永遠の輝きをもつ星、砂漠に咲くはかない花、何百万もの人間の存在を象徴する砂漠の砂の流れ、インディアンの辛抱強さ、旅人のもどかしさ、こうしたいろいろなものの結びつき——に寄せる思いが、アリスにこの地を選ばせたのだろう。アリスの織物がこの自然との一体感、世界中の人々が求めているある一体感を象徴しているからこそ、アリスの織物は自らの命を得て語りかけ、織り手や所有者を越えて、永遠の生命をもつのである。

『フィエスタ』と名づけられた織物では、アリスはあざやかな大地の褐色の地に暖かい太陽を半分織り込んだ。織物の真ん中には、海と空からできた篠のように、二本のブルーの縞が走り、この二本のブルーの縞の間に、赤やオレンジや黄色や青紫の不規則な四角形がいくつも並んで、全体の調和が保たれているが、その一つ一つが自己を主張している。それはまさに、すべての国家がついに一堂に集まったかのようであり、太陽と大地、海と空、そして全人類が一つとなることを祝うフィエスタ、すなわち「祝祭」である。『海と海岸線』という名の織物もある。これは大洋のブルーに薄緑、茶、黄の毛と麻で織られている。これは人の潜在意識の中で一瞬の間に捕らえられた海と海岸で、悲しみのときにも、喜びのときにも呼び起こされるものだが、それはこうした美と静寂が存在することへの願望でもある。

3　トシコ・タカエズ

人種、性別、国籍などの人為的な境界を越えたもう一人の日系女性芸術家がいる。トシコ・タカエズである。

タイのバンコックの美術館やアメリカ合衆国の十九の州立美術館が、タカエズの作品の釉薬をかけた土色の陶器や、あざやかなブルーの磁器を所蔵している。展示品のそばにある小さな札に見物人は無関心である。彼らは展示品を見るのであって、陶工を見るのではない。男性の作品か、女性の作品かはほとんど問題にしないし、日本人であろうと、黒人であろうと、白人であろうと、アメリカ人であろうと、何人であろうと、背が高かろうと低かろうと、やせていようと太っていようと、金持であろうと貧しかろうと、年をとっていようと若かろうと、作者には無関心である。見物人は「Toshiko Takaezu」という名前を見るかもしれない。しかし、日本人でなければ、それが男性か女性かもわからない。見物人が見るのは作品であり、その色、形、調和、質感、そしてそれらの組み合わせが彼らを感銘させるのである。

トシコ・タカエズの作品は、ベネズエラのカラカス、ベルギーのブリュッセル、イタリアのミラノ、スイスのチューリッヒとローザンヌに展示されている。また米国の著名なスミソニアン美術館、クリーブランド美術館、その他多数の州立大学や州立美術館がその作品を収集している。彼女は現在、ニュージャージー州のプリンストン大学で教えている。家は二階建で、家の外はいくつもの菜園に囲まれ、家の中は棚にのせたたくさんの壺に囲まれている。丸々と太ったネコが、部屋から部屋へ彼女についてまわる。

両親はハワイ島ペペエケオ耕地の移民労働者だった。トシコはヒロのハマクア海岸の切り立った崖の上に建つ赤い屋根の耕地の家で生まれた。十一人の子だくさんの家に生まれ、耕地労働者のわずかな賃金で常に経済的に苦しかった環境の中で育ったトシコは、恐ろしいほど独立心が強く、何をさせても独創的な人間になった。

トシコはハワイ大学で、カリフォルニア州のサンホセから移って来たばかりのクロード・ホランという教師のクラスに入った。授業は陶芸学部のかまぼこ型のプレハブ校舎で行われた。ホランは学生たちにとって親しみやすく、楽しい教師だったので、教室は創作活動の中心になった。彼は伝統やドグマを打ち破り、学生たちをけしかけて、従来とは違う新しい実験的な技法を試みさせた。このクラスから大勢の美術専攻の学生が出た。

第二次世界大戦中、トシコはハワイ陶芸家組合で働いて収入を得たが、そこでは型を使って作品を作った。作品はパンの木（ウル）の葉の形をした取り皿で、同じ皿を何ダースも、何百枚も作ったが、彼女はどれ一つをとっても不満だった。しかし、釉薬のかけ方が勉強でき、技が磨けた。ある釉薬を、ある方法で、ある時間使うと、どういう仕上がりになるかを学ぶことができた。これが研究者のやり方である。

同じ時期に、彼女はオアフ刑務所で療法士《セラピスト》として働き、外部の人間に助けを求めるより他に手立てのない人たちを知るようになった。囚人との心の触れ合いをもつことにより、他ではとうてい得られなかったであろう人間にたいする感受性を養った。

トシコは一九五五年に両親の祖国日本を訪ね、人間国宝、陶芸家金重陶陽とともに作品を作った。一流の陶芸家の浜田庄司にも会った。彼女の理解の根底には、常に恩師クロード・ホランの言葉があった。つまり、粘土を扱うときは決まりをすべて忘れよ、無限の可能性を探れ、素材や常套的な製作技法による限界をはね返せということである。芸術家は観察し、分析し、同化し、解釈し、自己を超越する、それ自体で存在する作品を産みださなければならない。優れた作品は人々に語りかけ、そこに作者がいなくても自ら説明する。

トシコは言う。「粘土にはつくづく感心します。生きているんですね。わたしが触れたり、感じたりすると、それに反応するんです。粘土に無理をさせる必要はありません。わたしの手に粘土が反応するのがわかります。粘土とわたしの相互作用なんです。ふつう作品はアイディアから始まるのですが、製作を進める過程で、粘土が多くを語り出すのです。窯入れも作品のできばえに影響します。すべてを管理しつくすことはできないのです。……陶芸では、精神の集中、腕の力、手の器用さ、ろくろの動き、ろくろとの関わり合い、調和、リズムが必要とされます。素材の語りかけてくる声に耳を傾けるのです」

トシコ・タカエズは、一九五九年から一九八三年までに与えられた、権威あるディキンソン大学芸術賞を受賞した十二人の中の一人である。受賞者の中には、詩人のロバート・フロスト、女優のジュディス・アンダーソン、建築家のアエロ・サーリネン、交響楽団のフィラデルフィア・オーケストラなどがある。この賞は希少価値の高い、誰もが熱望する名誉な賞で、音楽・詩作・建築・陶芸・演劇の分野で肉体と魂の調和を表現していると認められた作品に授与されるものである。これは世界と未来の世代につながる美を、全アメリカ人が認めたことでもある。

これほど称賛されても、トシコ・タカエズは堅実で、ユーモアの感覚を失わない。仕事をしながら、ときにはまわりにいる人に、そしてときには粘土に向かって、やさしい口調で話しかける。

「陶器を焼くには、にれやかしなどの木を使います。はなみずきも使えますが、ピンクや白の花の咲く、つやのある緑の葉をつけた美しい木は切り倒せません。枯れた木があれば使いますが、はなみずきは一本だって切るわけにはいきません」

タカエズは日本で勉強したときのことを笑いながら話す。「茶道を習ったので、茶碗の本質が理解できました。渋いお茶を少しずつすすって、甘い茶菓子を食べる。この対照は人生の喜びと苦しみの瞬間を思わせますね。まさに対照の妙。そのときが茶碗は一番大事なのです。色合い、重さ、手ざわり、調和、形。茶碗はその数瞬間、人生そのものの象徴になるのです」

「茶道を理解するために、禅も勉強しました。毎朝お経を読まされました。ある朝、お経を読むことが禅の理解につながるのかとたずねたのですが、先生は答えませんでした」

「ある日、ハワイ島のヒロで、ろくろで壺作りの実演をしていたら、屋良沖縄県知事と『ヒロ・タイムス』のキヨシ・オオクボ氏がいらっしゃいました。『壺で一番大事な部分はどこか』と知事にたずねられましたが、言葉が出ませんでした。壺が部分に分かれているなんて考えてもみなかったからです。質問されたとき、わたしはちょうど壺の中をのぞいていたので、『内側の暗い空気です。目に見えない内部ですが、壺の一部です』と答えたのです。知事は感心して、『ああ禅ですね』とおしゃったんですよ」

「人は、絶えず新しいものや、新しいものの見方を創造することができます。プリンストン大学で、わたしは学生に次のように教えています。(一)何をしようとしているのかを、はっきり知っておくこと。(二)どうやって作るか、技術とテクニックを習得すること。(三)テクニックを捨て、やりたいものを通して考え、そのためにはどうするのが最善かを見つけること」

「窯から壺を取り出すまでは、結果はまったく予測できません。思いがけず、にぶく光る金色や淡いピンク色が現れたことも何度かあります。わたしは『なんてきれいなんでしょう』と叫びますが、自分の作品を自賛するのではなく、粘土と釉薬と窯の火が一つになって作り上げた色に驚くのです」

「粘土が生きているのがわかるんです。感情についてはわかりませんが、でも生きています」

夏のうちは、陶工をするより畑を耕すほうがいいと彼女は打ち明ける。毎朝、まだ朝露が花弁に残っているとき、外に出て、時にはちらちら輝くぼたんの花を数えることもある。ぼたんの花は、どんな機械にも真似のできない上等な絹のようだ、と彼女は言う。

「それにゆりの花です。ゆりの花にはさまざまなブロンズの色合いがあります。去年はゆりが三百咲きました。今年はあまり数が多くて数えていません」

「トマトも同じです。知っていますか、熟れたつやのあるトマトは花と同じくらい美しいんですよ。わたしの住んでいるニュージャージー州はアメリカで一番おいしいトマトを生産しているのです」

トシコ・タカエズは訪れる国々で、その国の陶芸と国民について学ぶ。ペルーに行ったときは、古代インカの遺跡マチュピチュに深い感銘を受け、白い浮き出し模様のある発光性の壺に釉薬をかけた。

トシコ・タカエズはアトリエと仕事場がつながった広い二階建ての家に住んでいる。自分が作った壺に恋をしているので、壺のためにだんだん自分の居場所なくなっていくと嘆く。

「時には自分の作品が好きになってしまって、手放したくないので、法外な値段をつけることがあ

ろくろをまわすトシコ・タカエズ

ります。でも、そのうち誰かが来て買っていってしまうと、とても寂しい気持になります」

「壺は目に見え、手に触れることができなければなりませんが、またできれば、音を出すことがあってもいい。封をする前にうっかり小さい粘土玉を壺の中へ落としてしまったことがあって、壺を動かすたびに、焼いた粘土玉がころんころんと微かな音をたてました。粘土玉が壺に話しかけているようで、壺と玉がおたがいにちょっとした秘密を分けもっているのです」

タカエズが、陶工であると同時に、詩人でもあることがわかる。

二人の芸術家、アリス・カガワ・パロットとトシコ・タカエズは、人種、国籍、性別を超えて、人間の本質に到達したように見える。つまり、われわれ人間とは何か、われわれはいかに自分たちの世界や、多くの世界が集まる宇宙の中で自分たちが存在している場所にかかわっているかを明らかにしたように見える。

二人は複数文化社会のハワイ、内部に多元的な関係を含んだハワイについて、肌で感じ、愛し、信じたことを凝縮させた。太陽、海、大地、空、人間——すべてはまがうことなく個々の存在であるが、しかし同時に、全体の一部であり、過ぎ去った世代の一部であり、次に来る世代の一部でもある。これがトシコ・タカエズとアリス・カガワ・パロットが、作品を通して、わたしたちに示してくれるものである。

移民女性を母として生まれたアリス・カガワ・パロットや、トシコ・タカエズのような女たちは、次に来る百年のハワイ日系女性の先駆者なのかもしれない。百年前のオザワ・トミやサカ・チカがそうであったように。

ハワイ日系移民関連年表

西暦	年号	事項
一二七〇	文永七	マウイ島カフルイに日本人と思われる漂流民を乗せた「ママラ」と呼ぶ船が漂着したと伝えられている。これより前、一二五八年（正嘉二）にもオアフ島に日本船が漂着したと伝えられている
一五五五	弘治一	スペイン人航海家ジュアン・ゲータノ、ハワイ（ロス・マジョス）「発見」
一七七八	安永七	イギリス人探検家ジェームズ・クック、ハワイ「発見」。時のイギリス海軍卿モンタギュー伯の別名にちなんでサンドイッチ群島と命名。クック翌年ハワイ島で原住民に殺害される
一七九〇	寛政二	カメハメハ、ハワイ島を支配 ハワイに最初のアメリカ船エレノア号来航
一七九五	七	カメハメハ一世（大王）即位
一八〇四	文化一	若宮丸に乗った仙台藩の船頭津太夫らが、ロシアの遣日使節レザノフにともなわれて長崎へ帰る途中ハワイに寄港。津太夫、ハワイに関する最初の記述のある見聞録『環海異聞』を残す
一八〇六	三	安芸の平原善松ら稲若丸の乗組員が漂流、アメリカ商船に救助されてオアフ島に到着。善松『夷蛮漂流帰国録』を残す
一八一〇	七	カメハメハ一世ハワイ全島を統一。首都をオアフ島ワイキキからマウイ島ラハイナに

ハワイ日系移民関連年表

		移す
一八一七	一四	ハワイ、マーシャル群島から労働者導入 スペイン人がカウアイ島にコーヒー樹を移植。後にハワイ島コナ地方にコーヒー栽培が行われ産業的に成功する
一八一九	文政 二	カメハメハ一世死去。カメハメハ二世即位 備前の船頭九衛門が漂流し、助けられてハワイ島ヒロに上陸。九衛門は後の漂流民、長者丸の平四郎らの通訳をつとめる
一八二〇	三	アメリカ伝道会社（組合派）、ハイラム・ビンガム牧師らからなる最初の伝道団をハワイへ派遣。翌年ホノルルに最初のキリスト教布教所を設置 ハワイに最初の捕鯨船メアリ号寄港
一八二二	五	ハワイ語を文字で表した最初の印刷が行われる ハワイ語訳聖書の編纂開始。三〇年（天保一）完成
一八二三	六	ハワイ伝道会社設立
一八二四	七	カメハメハ二世、カママル王妃、ロンドンで客死。カメハメハ三世即位 ハワイ、フィリピンからマンゴを移植
一八二五	八	徳川幕府異国船打払令
一八二七	一〇	オアフ島に大阪の商船漂着
一八三〇	天保 一	この頃から、ハワイに癩病が発生
一八三一	二	ラハイナルナ学校創立
一八三二	三	オアフ島ワイアルア湾付近に漂着した日本漁船が出帆してホノルルへ向かう途中で転覆、生存者四名は上陸して十八ヵ月間ホノルルに滞在
一八三三	四	オアフ慈善学校（後、マッキンレー・ハイスクール）創立
一八三四	五	尾張の宝順丸の音吉ら三名がカナダに漂着。奴隷に売られ、助けられて中国へ向かう途中ホノルルに寄港 ハワイ最初の新聞『ラマ・ハワイ』発行

ハワイ日系移民関連年表

一八三五	六	カウアイ島コロアにハワイ最初の耕地会社できる
一八三六	七	宣教師の子弟の教育機関プナホウ・スクール（オアフ・カレッジ）創立
一八三七	八	ヒロ・ボーディング・スクール創立
一八三九	一〇	越中の長者丸の船頭平四郎、次郎吉らがアメリカ捕鯨船に救助され、生き残った四名がハワイに到着。次郎吉、漂流譚『蕃談』を残す 最初のハワイ語訳聖書印刷
一八四〇	一一	カメハメハ三世、三権分立、二院制議会を定める新憲法発布 ハワイ王族の子弟の教育機関としてロイヤル・スクール開校
一八四一	一二	土佐の船頭伝蔵、万次郎らを乗せた漁船が伊豆の鳥島で座礁、アメリカ捕鯨船ジョン・ホウランド号に救助されホノルルに送られる。万次郎は後に帰国し、薩摩藩、土佐藩、幕府、明治政府で長用された。遠州の昌栄丸の船頭千太郎らが漂流、外国船にともなわれてホノルルに到着。摂津の永住丸の船頭善助らが銚子犬吠埼沖で漂流、スペイン船に救助され、アメリカ本土から帰国の途中、善助と初太郎の二名がホノルルに寄港
一八四三	一四	アメリカ政府、ハワイ王国の主権を承認 ハワイ、パイナップルの苗を輸入
一八四五	弘化 二	アメリカ捕鯨船ジョン・ホウランド号が日本人漂流民を乗せてハワイに寄港 一八四〇年制定の新憲法に基いて平民から最初の代議員を選出。首府をマウイ島ラハイナからオアフ島ホノルルへ移す
一八四七	四	アメリカ捕鯨船フランセス・ヘンリエッタ号が、難破船の日本人船員四名をともないホノルルに寄港
一八四八	嘉永 一	アメリカ捕鯨船ニュー・ロンドン号が、オホーツク海で漂流中の日本人を救助、マウイ島ラハイナにともなう
一八五〇	三	紀州の天寿丸の船頭吉松らアメリカ捕鯨船に救助され、五名がホノルルに到着。播磨の彦蔵らの乗る栄力丸がアメリカ商船オークランド号に救助され、サンフランシスコ

			に着く。翌々年、セント・メアリ号で香港へ向かう途中ハワイ島ヒロに寄港。彦蔵『漂流記』、英文の『アメリカ彦蔵自伝』を残す
一八五一		四	ホノルルに裁判所創設
一八五二		五	カメハメハ三世新憲法発布 ハワイ、中国人苦力を砂糖きび耕地労働者として導入
一八五三		六	天然痘がハワイに蔓延 ペリー軍艦を率い、大統領フィルモアの親書をたずさえて浦賀に来航
一八五四	安政	一	日米和親条約調印。幕府は、この年イギリス、ロシアと、翌年フランス、オランダとも和親条約を締結 カメハメハ三世死去。カメハメハ四世即位 ハワイ英語を学校教育へ導入
一八五八		五	淡路の政吉らが紀州沖で漂流。政吉はアメリカ捕鯨船に救助されホノルルに送られる 日米修好通商条約調印。幕府はこの年、オランダ、ロシア、イギリス、フランスとも通商条約を結ぶ
一八五九		六	江戸の芸者小染が浦賀から京都へ向かう途中、遠州灘で流されハワイに漂着
一八六〇	万延	一	日本最初の遣米使節団ポウハタン号でホノルルに寄港し、カメハメハ四世に謁見。護衛艦咸臨丸で中浜万次郎が通訳として同行。カメハメハ四世、日本ハワイ修好条約の締結を希望 クイーンズ病院設立
一八六三	文久	三	カメハメハ四世死去。カメハメハ五世即位
一八六五	慶応	一	ハワイ外務大臣ワイリー、横浜在住のアメリカ人バン・リードに日本人労働者の導入を提案。バン・リードを駐日ハワイ国総領事に任命
一八六六		二	ハワイ外務大臣バリグニー、バン・リードに日本ハワイ通商条約締結交渉を指示。同時に幕府にカメハメハ五世と連署の文書を送る モロカイ島カラウパパ癩病隔離地建設

ハワイ日系移民関連年表

一八六七	三	日本ハワイ臨時親善協定締結 徳川慶喜、大政奉還。王政復古
一八六八	四	徳川幕府三百五十名の渡航を許可し、百八十名の渡航印章（旅券）を交付 横浜は幕府直轄から新政府の管轄地となる。新政府は幕府下付の旅券を無効とする。 「元年者」百五十三人、無許可のままサイオト号で横浜を出港
	明治一	最初の日系二世、ヨウタロウ・オザワ誕生 九月八日、明治と改元
一八六九	二	牧野富三郎、石井仙太郎、明治政府に移民救済を求める嘆願書を提出 日本政府、移民実情調査のため上野景範、三輪甫一の両召還使をハワイへ派遣。翌年、帰国希望の「元年者」送還
一八七一	四	日本ハワイ修好通商条約締結 日本政府「元年者」に渡米のための旅券を交付 三年の契約期間を終え「元年者」の一部が帰国
一八七二	五	日本政府、ハワイ駐在アメリカ公使ピアースに日本人労働監督官を依嘱 ハワイ移民協会設立 カメハメハ五世死去。カメハメハ王朝断絶
一八七三	六	ハワイ王国議会、酋長ルナリロを国王に選出
一八七四	七	ウルパラクア事件――マウイ島ウルパラクア耕地で日本人移民労働者が集団で大ルナに暴行 ルナリロ王死去。ハワイ王国議会、酋長カラカウアを国王に選出
一八七五	八	アメリカ・ハワイ互恵条約締結
一八七八	一一	砂糖きび耕地、アゾレス、マデイラ諸島からポルトガル人労働者を導入
一八八一	一四	世界周遊中、カラカウア王日本訪問。明治天皇と会見し、日本人移民のハワイ渡航の実現、両皇族間の縁組、日本とハワイの友好関係の樹立を懇請 ハワイ政府アーウィンを駐日ハワイ代理公使に任命

ハワイ日系移民関連年表

一八八二	一五	日本政府、ハワイ王室からの縁組の申し入れを辞退 ハワイ政府、移民交渉のためカペナ全権公使を日本へ派遣
一八八四	一七	ハワイ日本領事館開設
一八八五	一八	日本ハワイ労働移民条約締結 官約移民第一回船シティ・オブ・トウキョウ号出港 日本政府、中村治郎を駐ハワイ日本領事に任命 ハワイ政府、移住民局の一部として日本移住民局を設立。中山譲治が監督官長に就任
一八八六	一九	安藤太郎駐ハワイ総領事に就任（外交事務官を兼任） 日本ハワイ渡航条約締結 ハワイ伝道会社書記ハイド博士、官約移民に最初のキリスト教伝道 後藤昌文医師、ハワイ王国の要請で救癩のため渡航
一八八七	二〇	ハワイ王国憲法改正。王権を制限、東洋人の参政権廃止 メソジスト教会の美山貫一牧師、移民慰問と伝道のためサンフランシスコから来る 日本人最初の慈善団体、日本人共済会（後、日本人慈善会）設立
一八八八	二一	美山貫一牧師宅で日本人禁酒会発足 美山貫一牧師宅に日本人最初のキリスト教会、日本人伝道会創立
一八八九	二二	婦人慈善会設立 真宗僧侶、曜日蒼龍により初めて日本仏教の布教始まる。ヒロに布教所を設立
一八九〇	二三	オアフ島ヘイア耕地でストライキ この頃から、日本人が商店を開きはじめる
一八九一	二四	カラカウア王サンフランシスコで客死。リリオカラニ女王即位 岡部次郎牧師、ヒロ日本人キリスト教会設立
一八九二	二五	日本人慈善会創立 ヌアヌ日本人教会創立 ハワイ最初の日本語新聞『日本週報』発刊

ハワイ日系移民関連年表

一八九三	二六	ハワイ革命。ハワイ臨時政府成立。リリオカラニ女王退位、ハワイ王国崩壊。在留日本人の保護のため軍艦浪速（艦長東郷平八郎大佐）ハワイへ派遣 ヒロ日本人同盟会組織、参政権獲得運動を起こす ハワイ島コハラに神田重英牧師が最初の日本語学校を開校
一八九四	二七	日清戦争勃発。翌九五年、日本戦勝、下関条約締結 ハワイ共和国成立、初代大統領にサンフォード・ドールを選出 官約移民廃止。民間移民会社が設立され、私約移民時代始まる 日本人幼稚園設立 浄土宗ハワイ宣教会、松尾定諦を派遣。岡部学応開教使ハワイに渡る 『ハワイ新報』発刊
一八九五	二八	ホノルルで日清戦争大祝勝会催される マウイ島クラに五味環伝道師が日本語学校を開校 師範学校テリトリアル・ノーマル・スクール開校 日本語新聞『やまと新聞』（後、『日布時事』『布哇タイムス』）発刊 ホノルルにコレラ蔓延
一八九六	二九	奥村多喜衛牧師、日本人小学校、ホノルル小学校（後、ハワイ中央学院）を創設 奥村寄宿舎設立 小林参三郎、小林病院を設立。日本人医会設立（正式発足一九〇一年） 最初の仏教寺院ハマクア仏教会堂（浄土宗）落慶
一八九七	三〇	日本人移民上陸拒否事件。事件解決にあたり、日本政府は島村久総領事を一時弁理公使に昇格させ、ハワイ共和国大統領ドールと交渉。翌九八年、ハワイ政府は日本政府に賠償金を支払う 本派本願寺、正式開教開始。山田将為、金安三寿開教使を派遣 移民会社の機関銀行として京浜銀行ハワイ支店開設
一八九八	三一	アメリカ、ハワイを併合。日系二世にアメリカ市民権を付与。日本人移民の大陸への

一八九九	三二	転航が自由に行われる オアフ島カフク耕地で日中労働者が乱闘、死傷者を出す ヒロ本願寺小学校創立 ハワイ最初の神社、ヒロ大神宮遥拝所（大和神社）建立。浄土宗、正式に開教開始。 カイウラニ王女死去 日本人慈善会「ハワイ日本人慈善会」と改称、法人化 スザンナ・ウェスレー・ホーム設立 本派本願寺、今村恵猛を開教使に任命（翌年、開教監督）。東本願寺（大谷派）、開教使漣静栄カワイ島ワイメアで布教開始
一九〇〇	三三	ハワイ、正式にアメリカの准州となる。サンフォード・ドール初代知事に就任 ハワイにアメリカ移民法適用、契約労働禁止。私約移民時代から自由移民時代に入る ペスト予防焼き払い事件——前年暮れ以来、ホノルルにペスト発生。衛生局による感染家屋の焼却作業から日本人、中国人の密集地帯に飛び火、数千人の罹災者を出す ホノルル日本人商人同志会（後、日本人商業会議所）設立 日蓮宗僧侶、高木行雲ハワイ島で布教開始 日本人最初の葬儀社創業
一九〇一	三四	亜米利加丸事件——日本人婦人船客四名がアメリカ検疫官に裸にされ検疫を受ける 日本人慈善病院カパラマに設立 ハワイにパイナップル会社設立 この頃からハワイへの移民増加。移民間に永住土着化の意識が普及
一九〇二	三五	ホノルル本願寺小学校創立
一九〇三	三六	ハワイ中央日本人会設立 浄土宗、清水信順を初代開教使長に任命。曹洞宗、河原仙英を同胞慰問使として派遣し、オアフ島ワイパフで布教開始 ホノルル大神宮遥拝所建立

ハワイ日系移民関連年表

一九〇四	三七	日露戦争勃発。翌〇五年日本戦勝、日露講和条約調印 オアフ島ワイパフ、エワ耕地で日本人労働者ストライキ 奥村多喜衛牧師、マキキ教会創立
一九〇五	三八	アメリカ本土へ転航する日本人移民増加 マウイ島ラハイナ、オーラア耕地でストライキ 日本人幼年寄宿舎設立
一九〇六	三九	カリフォルニアでの排日運動。サンフランシスコ学童問題起こる ハワイ島パパイコウ耕地でストライキ ハワイ出雲大社創設
一九〇七	四〇	アメリカ大統領令で東洋移民の本土転航を禁止 本派本願寺、中学校開設。中央学院、中等科設置 ハワイ大学、農科大学として開校
一九〇八	四一	ルート・高平条約（日米紳士協定）締結——新移民の渡航禁止。再渡航者、ハワイ在留者の家族、写真花嫁、専門家などをのぞく渡航者を禁止。呼び寄せ移民時代始まる 砂糖きび耕地、パイナップル耕地にフィリピン人労働者を導入
一九〇九	四二	第一次オアフ島耕地労働者ストライキ
一九一〇	四三	本派本願寺中学校、女子部を分離し、高等女学校を開設 日本人人口ハワイ人口の四〇％に増大 この頃から、写真結婚増加。また、日系二世の日本留学が始まる
一九一一	四四	浄土宗、ハワイ女学校創立
一九一二	四五 大正一	日蓮宗、ホノルルに仮布教所設立 フレッド・キンザブロウ・マキノ『ハワイ報知』発刊
一九一三	二	カリフォルニア州議会、排日土地法制定。日本人の不動産所有を禁止 曹洞宗、ホノルルに仮別院設立 ホノルルに日本人火葬会社創業

ハワイ日系移民関連年表

一九一四	三	第一次世界大戦勃発。日独開戦。一八年、ベルサイユ対独講和条約調印 ハワイ日本人会設立 真言宗、関栄覚開教監督を派遣し布教開始 この頃から、ハワイに排日米化運動が推進される
一九一五	四	ハワイ教育会設立
一九一六	五	日本、国籍法改正——これによりアメリカ国内で生まれた男子は十五歳までに、女子は年齢に制限なく、親権者が所定の手続きをとることで日本国籍を離脱できることになった ホノルル日本人婦人会創立
一九一七	六	アメリカ、第一次世界大戦に参戦。ハワイに日本人中隊組織 ハワイ最後の王リリオカラニ死去 真言宗、ホノルルにハワイ別院創立 この頃より日系人の教育振興時代（三〇年［昭和五］まで）始まる
一九一八	七	大戦中、選抜徴兵が行われ二万九千名の日系人が登録。戦後、軍務についた日本人八百三十八名の半数にアメリカ市民権が与えられる
一九一九	八	ジャッド案（学校教師資格検定私案）が『アドバタイザー』紙に発表され、アンドリュース法案を初めとする日本語学校の監督・取締法案が次々にハワイ准州議会に提出される 砂糖きび耕地の日本人移民労働者が労働団体を組織 ハワイ在住日系有志、二重国籍問題に関して日本国籍の無条件離脱を求める請願書を日本議会に提出 ホノルル日本人連合協会創立
一九二〇	九	第二次オアフ島耕地労働者大ストライキ 臨時ハワイ准州議会で外国語学校取締法成立 日本人会、日本人連合協会と合流、日本人協会を組織

		日本政府、写真結婚を禁止
		カリフォルニアで第二次排日土地法。帰化権のない日本人より借地権を剥奪
		ヌアヌ幼稚園（日本人幼稚園）創立
		ハワイ大学に日本語・日本歴史の講座設置。原田助、招聘されてハワイ大学で教える
		ハワイ大学総長A・L・デーン博士、癩病の特効薬チョルムーグラ油注射剤を完成
一九二一	一〇	ハワイ准州、外国語刊行物取締法、外国語学校取締法実施。外国語学校の教員検定試験実施される
		ハワイ砂糖耕主組合、労働者の賃金引き下げを発表
一九二二	一一	日本語学校、ハワイの連邦地方裁判所に試訴を起こし外国語学校取締法の合憲性を問う
一九二三	一二	外国語学校取締強化を目的とするクラーク法がハワイ准州議会で成立
		ホノルル教育会設立
一九二四	一三	アメリカ政府、新排日移民法実施。呼び寄せ移民を禁止し、移民禁止時代に入る。これにより写真結婚も禁止
		日本、国籍法再改正。これにより、アメリカ国内に生まれた日本人は、年齢の制限なく、所定の手続きにより日本国籍を離脱できることになった
一九二五	一四	ハワイ日系基督教会連盟創立
一九二六	一五	サンフランシスコ第九控訴院、外国語学校取締法に違憲判決。ハワイ准州政府、連邦最高裁判所に上告
一九二七	昭和 二	連邦最高裁判所、外国語学校取締法に違憲の最終判決。日本語学校側の勝訴決定
		ハワイ教育会再興
		航海日記を綴った「元年者」佐久間米吉死去
		「明治元年渡航者之碑」マキキ墓地で除幕
		ハワイ、民間航空会社設立
一九二八	三	ハワイでラジオ日本語放送開始

ハワイ日系移民関連年表

一九二九	四	全米日系市民協会（ＪＡＣＬ）発足 世界経済恐慌
一九三〇	五	日系人最初の政界進出——ノボル・ミアケ、カウアイ郡参事に選出、タサク・オカ、マサヨシ・ヤマシロ、准州議会下院選挙に当選
一九三一	六	満州事変勃発 この頃より日系二世の躍進発展時代（四四年［昭和一九］まで）始まる。ハワイ在留日系人十四万人を数える
一九三二	七	ハワイ日本人協会改組、ホノルル日本人連合協会組織
一九三三	八	日本国際連盟脱退
一九三五	一〇	官約移民来航五十年記念祭 連邦議会で全国労働関係法成立
一九三六	一一	最後の「元年者」石井仙太郎死去（享年百二歳）
一九三八	一三	ハワイ日本人公民協会による日本国籍離脱運動が展開
一九三九	一四	アメリカ政府日米通商航海条約廃止を通告（翌年失効） 第二次世界大戦勃発
一九四〇	一五	外国語ニュース放送禁止。灯火管制布告、外国人指紋登録始まる ハワイ、徴兵登録令実施 日系人ハワイ准州議会上院に初当選 ホノルルの日本語学校でアメリカ国旗掲揚を始める。この頃、日本語学校は二百校、在籍数四万人を数える
一九四一	一六	アメリカ大統領非常事態宣言。在留外国人の資産凍結令を実施 ハワイ日本人連合協会による日系人応召兵壮行会挙行 日本軍、真珠湾攻撃。日米開戦。ハワイ知事戒厳令布告、軍事政府樹立（四六年、連邦最高裁判所で違憲判決）。ハワイ在留の日本人、日系人指導者の逮捕、抑留。日系人の集会の禁止、日本語学校閉鎖、日本語新聞発行停止、日本語放送停止

一九四二	一七	日米開戦以後五〇年（昭和二五）に日本在外事務所となるまで、駐ハワイ・スウェーデン総領事が日本総領事の監理代行となる 強制立ち退き命令。抑留日本人アメリカ本土へ送還
一九四三	一八	全米日系市民協会軍隊志願を要請。日系二世部隊第一〇〇大隊、アメリカ本土の訓練予定地へ出発 第四四二歩兵連隊を新設。アメリカ陸軍省がハワイで実施した日系市民志願制度に応召した志願者から選抜
一九四四	一九	連邦最高裁判所、強制立退き命令に合憲判決
一九四五	二〇	日本無条件降伏、第二次世界大戦終結。連合軍日本進駐開始。日系二世兵通訳として活動 立ち退き命令解除。抑留日本人のハワイ帰還開始
一九四六	二一	戦後、日系人の政・官界進出時代始まる アメリカ政府、ハワイ日本総領事館を接収 日本人の資産凍結解除。立ち退き損害賠償案の提出 マサト・ドイ、ホノルル市郡参事長に選出 日本への郵便開始 極東国際軍事裁判始まる。四八年、判決
一九四七	二二	戦争花嫁法により戦争花嫁の日本女性がハワイへ渡りはじめる 日本人帰化法案が連邦議会に提出される
一九四九	二四	ウィルフレッド・ナガマツ・ツキヤマ、日系人最初のハワイ准州議会上院議長に就任 ハワイ准州議会外国語学校取締法撤廃 ホノルル日本人ジュニア商工会議所創立
一九五〇	二五	ハワイ州憲法起草会議、州憲法可決。日系代議員十九名参加 朝鮮戦争勃発、ハワイで志願兵応召 大戦後初めて日本船がハワイに寄港

ハワイ日系移民関連年表

一九五一	二六	サンフランシスコ対日講和条約調印。日米安全保障条約調印
一九五二	二七	三千三百三十九名の戦争花嫁がハワイに渡る 日本在外事務所から日本総領事館へ復帰 連邦議会で新移民帰化法成立、実施。一世の帰化を認める。割当移民時代に入る（年間百八十五人）
一九五三	二八	日米通商航海条約調印 フレッド・キンザブロウ・マキノ『ハワイ報知』社長死去
一九五四	二九	オアフ市民研究クラブ（日系人の帰化推進団体）結成 ワトキンス法実施——アメリカ国籍を喪失していた在日二世がアメリカ国籍を回復してハワイに帰る
一九五五	三〇	日本人婦人会、日系婦人会として再建 この頃、戦争花嫁の渡米最盛期を迎える
一九五八	三三	ホノルルにハワイ日系人連合協会設立
一九五九	三四	アメリカ連邦議会ハワイ立州案可決。アメリカ五十番目の州に昇格 日本企業のハワイ進出始まる
一九六〇	三五	日米修好百周年。官約日本人移住七十五年祭 ハワイ州公立学校で日本語教育が採用されはじめる
一九六一	三六	ベトナム戦争でアメリカ政府が南ベトナム支援を開始 ダニエル・ケン・イノウエ連邦議会上院、スパーク・マサユキ・マツナガ同下院選挙で当選。ウィルフレッド・ナガマツ・ツキヤマ、ハワイ州最高裁判所首席判事に、シロウ・カシワ、ハワイ州検事総長に任命される
一九六三	三八	マッキンレー・ハイスクールに最初の日系人校長テイイチロウ・ヒラタが就任。フランシス・シゲオ・タケモト、日系人最初のハワイ陸軍国民軍の将校になる
一九六四	三九	パッツィ・タケモト・ミンク連邦議会下院に当選 シュンイチ・キムラ、全米で最初の日系人郡長に選ばれる

一九六七	四二	人種差別を撤廃した新移民法設立。翌六八年、実施
一九六八	四三	「元年者」移民百年祭
一九七〇	四五	七〇年代に入り、日本企業のハワイ進出と日本人観光客が増加
一九七四	四九	ジョージ・アリヨシ日系人最初のハワイ州知事に当選
		フジオ・マツダ日系人最初のハワイ大学総長に就任
一九七五	五〇	ニクソン大統領ウォーターゲート事件で辞任
一九七六	五一	本派本願寺、二世のヨシアキ・フジタニを開教総長に選出
一九七八	五三	ビショップ博物館内に移民資料保存館を設立
一九八二	五七	全米日系市民協会大会で損害倍償要求を決議
一九八三	五八	パッツィ・ミンク、ホノルル市議会議長に選出される
		バーンスタイン委員会、倍償に関する報告書提出
		パトリシア・サイキ、ハワイ共和党委員長に選出される
一九八五	六〇	官約移民百年祭
		この年、ハワイの日系人二十四万人を数える
一九八八	六三	米国議会で、日本人補償法可決、成立

参考文献

Alexander, M. C. "Wrecked Japanese in Lahaina," *The Friend*. Honolulu, 1839.

Ariyoshi, Koji. "A Historic Voyage to Hawaii," *Sunday Honolulu Star-Bulletin* and *Advertiser*, June 16, 1968.

Beekman, Take and Allan. "Hawaii's Great Japanese Strike," *Pacific Citizen*. Vol. 51, December 23, 1960.

Bimson, Rev. and Mrs. Richard H. *Hawaii Mission of the Methodist Church, 1855–1955*. Mimeographed pamphlet. n.d.

Braden, Wythe E. "On the Probability of Pre-1778 Japanese Drifts to Hawaii," *The Hawaiian Journal of History*, Vol. 10, 1976. Honolulu, Hawaiian Historical Society, 1976.

Brooks, Charles W. *Report on Japanese Vessels Wrecked in the North Pacific Ocean*. California, California Academy of Sciences, 1876.

Chamberline, Hope. *A Minority of Members: Women in the U. S. Congress*. New York, Praeger Publisher, 1973.

Compilation Committee for the Publication of Kinzaburo Makino's Biography. *Life of Kinzaburo Makino*. Honolulu, Hawaii Hochi, 1965.

Damon, Samuel C. "Japanese Embassy," *The Friend*, March 1, 1860.

Delano, Amasa. *Narrative of Voyages and Travels in the Northern and Southern Hemispheres, Comprising Three Voyages Round the World*. Boston, E. G. House, 1817.

土井彌太郎　『山口県大島郡ハワイ移民史』　徳山、マツノ書店、一九八〇。

Emerson, J. S. "The Shipwrecked Japanese," *Hawaiian Spectator*, July, 1838. Honolulu, 1838.

Fujitani, Pat. "Aiko Fujitani and the Beginnings of Hongwanji Mission School." Honolulu, December 10, 1982. Mimeographed.

Goto, Hisao, Kazuko Sinoto, and Alexander Spoehr. "Craft History and the Merging of Tool Traditions: Carpenters of Japanese Ancestry in Hawaii," *The Hawaiian Journal of History*, Vol. 17, 1983. Honolulu, Hawaiian Historical Society, 1983.

Goto, Yasuo Baron. *Children of Gannen Mono: The First Year Men*. Honolulu, Bishop Museum Press, 1968.

______. "Ethnic Groups and the Coffee Industry in Hawaii," *The Hawaiian Journal of History*. Honolulu, Hawaiian Historical Society, 1982.

Harris United Methodist Church. 88th Anniversary (*1888–1976*). Honolulu, Harris United Methodist Church, 1976.

Hori, Joan. "Japanese Prostitution in Hawaii During the Immigration Period," *The Hawaiian Journal of History*. Honolulu, Hawaiian Historical Society, 1976.

Horikawa, Nancy M. "The Transition from Japanese Hospital to Kuakini Hospital," *Social Process in Hawaii*, XXI, 1957.

Hunter, Louise H. *Buddhism in Hawaii: Its Impact on a Yankee Community*. Honolulu, University of Hawaii Press, 1971.

Ishii, Kendo. "Accounts of the Drifting of Zenmatsu Hirahara of Geishu [Hiroshima]," *Ikoku Hyoryu Kitanshu* (『異国漂流奇譚集』[*Tales of Castaways to Foreign Lands*]). English translation by Yasutaro Soga, 1927.

Iwamoto, Lana. "The Plague and Fire of 1899–1900 in Honolulu," *Hawaiian Historical Review*. Honolulu, Hawaiian Historical Society, 1969.

Jirokiti. *Bantan*. Japan, n. d.（*c*. 1838）.

Komuro, Tokuji. *My Diary, 1901–1903*. Mimeographed.

Kuykendall, Ralph Simpson. *The Hawaiian Kingdom*, Vol. III, 1874–1893. Honolulu, University of Hawaii Press, 1967.

Lee, Essie E. *Women in Congress*. New York, Julian Messner, 1979.

Mahlmann, Capt. John J. *Reminiscences of an Ancient Mariner*. Yokohama, The Japan Gazette Printing and Publishing Co., 1981.

Makiki Christian Church. *Oral History Project*, 1979. Honolulu, Makiki Christian Church, 1979. Mimeographed.

Marumoto, Masaji. "First Year Immigrants to Hawaii and Eugene Van Reed," *East Across the Pacific: Historical and Sociological Studies of Japanese Immigration and Assimilation*. Eds. Hilary Conroy and T. Scott Miyakawa. Santa Barbara, CA, American Bibliographical Center-Clio Press, 1972.

Matsuda, Mitsugu. *The Japanese in Hawaii, 1868–1967*. University of Hawaii, Social Science Research Institute, 1968.

McKinley High School. *75 Years, A History of McKinley High School, 1865–1940*. Honolulu, McKinley High School, 1940.

森田栄　『布哇日本人発展史』（*A History of the Development of the Japanese People in Hawaii*）　ワイパフ、ワイパフ真栄館、一九一五。

――　『布哇五十年史』（*A Fifty-Year History of Hawaii*）　ワイパフ、ワイパフ真栄館、一九一九。

中野卓　『日系女性立川サエの生活史』　東京、御茶の水書房、一九八三。

日布時事社　『官約日本移民布哇渡航五十年記念誌』（*Golden Jubilee of the Japanese in Hawaii, 1885–1935*）　ホノルル、日布時事社、一九三五。

――　『布哇同胞発展回顧誌』（*The Japanese People and Its History*）　ホノルル、日布時事社、一九二一。

Okumura, Takie. *Seventy Years of Divine Blessings*. Kyoto, Naigai Publishing Co., 1940.

———. *Thirty Years of Christian Mission Work Among Japanese in Hawaii.* Honolulu, 1917.

Potter, Norris W. and Lawrence M. Kasdon. *Hawaii, Our Island State*. Columbus, Ohio, Charles E. Merrill Books, Inc., 1964.

Reinecke, John E. *Labor Disturbances in Hawaii, 1890–1925. A Summary*. Honolulu, 1968. Mimeographed.

"Report of the Japanese Children's Home for 1922." Children's Society Library. Mimeographed.

Report of the General Superintendent of the Census, 1896. Honolulu, Hawaiian Star Press, 1897.

Scudder, Frank S. *Thirty Years of Mission Work Among the Japanese of Hawaii and the Call of the Next Decade*. Honolulu, 1917.

Soga, Yasutaro. "Japanese Account of First Recorded Visit of Shipwrecked Japanese to Hawaii," *Hawaiian Historical Review*, No. 18, 1931.

State Foundation on Culture and the Arts. *Artists in Hawaii*, Vol. II. Honolulu, State Foundation on Culture and the Arts and the University Press of Hawaii, 1974.

Stineman, Esther. *American Political Women: Contemporary and Historical Profiles*. Colorado Libraries Unlimited, Inc., 1980.

Suzuki, Jiro. *My Autobiography*. Honolulu, 1980. Mimeographed.

Third Report of the Commissioner of Labor on Hawaii, 1905. GPO, 1906.

United Japanese Society of Hawaii. *A History of Japanese in Hawaii*. Honolulu: United Japanese Society of Hawaii, 1971.

ハワイ日本人移民史刊行委員会『ハワイ日本人移民史』ホノルル、布哇日系人連合協会、一九七七。

Wakukawa, Ernest K. *A History of the Japanese People in Hawaii*. Hawaii, 1938.

訳者あとがき

本書はハワイ生まれの日系二世の著者が、自己の経験や知識、長年のリサーチと幅広いインタビューをもとにまとめた、ハワイにおける日系女性の一世紀にわたる記録、*Japanese Women in Hawaii: The First 100 Years* の本文の全訳である。英文にある注と付録は割愛したが、著者の参考にした文献リストは記載した。翻訳にあたりハワイの日本人名は原則としてカタカナ表記に統一した。

著者のパッツィ・スミエ・サイキ（Patsy Sumie Saiki）は移民の娘である。両親は広島県から砂糖きび耕地の労働者としてハワイに来た。三年の労働契約を終えた後、ハワイ島ホノカアのアフアロアに五十エーカーの土地を買い、自作農になった。サイキ女史は七人兄弟姉妹の末っ子である。彼女は両親と同じ広島県出身の佐伯清人と結婚して子供を四人生んだ。二人の娘は学校の教師になり、長男は銀行の頭取、次男はテキサス州で会社を経営している。

ハワイ大学を卒業してから、ウィスコンシン大学に学び、コロンビア大学で教育学博士の学位を受けた。最初はハワイの公立学校で教鞭をとり、後にハワイ教育局に移り、二百十一の公立学校と十八万人の生徒を指導する行政官として永年働いた。客員教授として一年間、神奈川県にある横浜国立大学で教えたこともある。

彼女の短編小説や随筆は、ハワイや日本の雑誌に掲載され、アメリカ日系作家賞を得ている。「素晴らしい社会と時代を生きて来たことに感謝しています。経済的には恵まれなかったけれども、文化的には恵まれていました。ハワイには三つの文化が伝わっています。つまり、アメリカ文化と日本文化とハワイ文化です。それにほんの少し他の文化を混ぜたものです。わたしたちは三種類の文化を土台に育ち成長したのです」とサイキ女史は語る。

ハワイは最近の海外旅行ブームで大勢の日本人が観光に訪れ、紺碧の海と白い砂浜、緑の椰子の林、色鮮やかな南国の花を楽しむ姿が連日見られる。しかし、この美しいハワイにわれわれ日本人と祖先を同じくするハワイ日系人の長い苦しい歴史があることを、何人の日本人が知っているだろうか。世界の経済大国になった現在の日本では太平洋戦争の記憶は風化し、若い世代には単なる歴史上のひとつの出来事にすぎない。戦後一時期ハワイ日系二世部隊の活躍が話題になったり、移民史がブームになったこともあるが、ハワイの日系女性については、本書のように詳しく記録したものは少ないように思う。

十九世紀末、ハワイの砂糖きび耕地労働者の妻として、初めて日本女性がハワイに入ってからすでに一世紀以上がたった。夫と共に耕地の労働力であった一世の女性たち。ハワイ耕地でアメリカ市民として生まれ、パール・ハーバーに始まる日米開戦で、夫や兄弟、あるいは恋人を戦地に送り出し、戦争の先端基地となったハワイ社会を支えた二世の女性たち。現在は経済的にも社会的にもアメリカ中産階級となった三世、四世の女性たち。彼女たちにとって日本語は外国語になり、ライフスタイルもすっかりアメリカに同化しているように見えるが、祖父母から受け継いだ食生活や習慣の中に残る日本の伝統文化を誇りとして生きている。

本書を翻訳することによって日本の読者にハワイ日系女性の歩んだ百年を紹介できることは、ハワイで長年過ごした経験をもつ訳者の喜びとするところである。著者であるサイキ女史はじめ、ハワイの友人たち、ハワイで出会ったすばらしい日系女性の方々にこの翻訳書を捧げたい。

一九九五年七月

栃木県佐野市にて

伊藤美名子

■著者紹介

Patsy Sumie Saiki（パッツィ・スミエ・サイキ）

ハワイ島ホノカアに、広島県出身の日系移民を両親として生まれる。ハワイ大学、ウィスコンシン大学で学び、コロンビア大学で教育学博士の学位を取得。ハワイ州教育局で行政官として永年働いた。短編小説、随筆をハワイおよび日本の雑誌に発表、アメリカ日系作家賞を受賞している。本書の他に、ハワイの日系移民を描いた代表作に、*Sachie, a Daughter of Hawaii*、*Gambare, an Example of Japanese Spirit*、*Early Japanese Immigrants in Hawaii*、*Travel is not Just for Sightseeing: Insightseeing* がある。

■訳者紹介

伊藤美名子（いとう・みなこ）

佐野女子短期大学英米語学科教授。津田塾大学英文科卒業。ミシガン大学大学院英文英語学科修士課程修了、ハワイ大学大学院図書館情報学科修士課程修了。ハワイ大学東亜語学部専任講師、ミシガン大学アジア図書館ビブリオグラファー、ハワイ大学図書館アジアスペシャリストを経て現職。共著書に、*Japanese Sources on Korea in Hawaii*（Center for Korean Studies, University of Hawaii）、*Nanyo: An Annotated Bibliography*（Center for Asian and Pacific Studies, University of Hawaii）、訳書に、ベリンダ・アキノ『略奪の政治――マルコス体制下のフィリピン』（同文館）がある。

ハワイの日系女性 第二版
——最初の一〇〇年——

二〇二三年六月二五日　第一刷発行

著　者——パッツィ・スミエ・サイキ
訳　者——伊藤美名子
発行者——瀬　戸　起　彦
発行所——株式会社　秀英書房
〒一五六-〇〇五一
東京都世田谷区宮坂三-一一-一〇
電　話（〇三）六八二-六-九九〇一
https://www.shueishobo.co.jp

装　丁——タカハシイチエ
印刷所——歩プロセス
製本所——ナショナル製本

ISBN978-4-87957-153-3

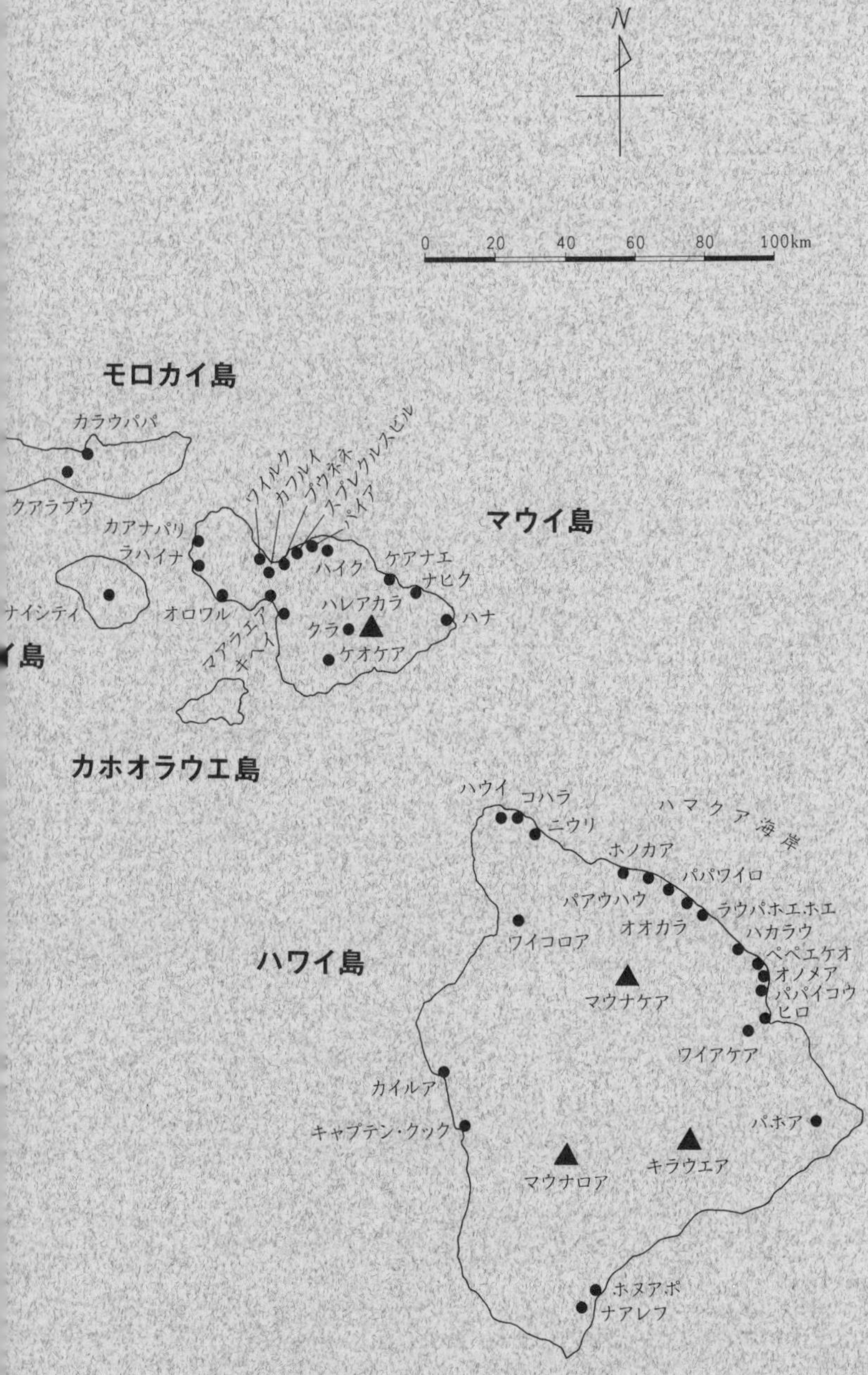
N
0 20 40 60 80 100km
モロカイ島
カラウパパ
クアラプウ
ワイルク
カフルイ
プウネネ
スプレクルスビル
パイア
マウイ島
カアナパリ
ラハイナ
ハイク
ケアナエ
ナヒク
ナイシティ
オロワル
ハレアカラ
ハナ
マアラエア
キヘイ
クラ
ケオケア
イ島
カホオラウエ島
ハウイ
コハラ
ニウリ
ハマクア海岸
ホノカア
パパワイロ
パアウハウ
ラウパホエホエ
オオカラ
ハカラウ
ワイコロア
ペペエケオ
ハワイ島
オノメア
パパイコウ
マウナケア
ヒロ
ワイアケア
カイルア
パホア
キャプテン・クック
キラウエア
マウナロア
ホヌアポ
ナアレフ